経済史を学ぶ
――工業化の史的展開――

経欧史学会 編

学文社

・は じ め に・

　本書は，主にこれから経済発達の歴史を，とくに日本を含めて世界的にみられた工業化，すなわち産業革命を中心に学んでいこうとする諸君を対象にして書かれたものである．すなわち現代資本主義社会の基礎になり，イギリスを出発点としてその後フランス・アメリカ合衆国・ドイツ・日本など各国に波及していった工業化に焦点をあわせ，イギリスとイギリスを中心とした世界市場に組み込まれていく各国がいかに工業化をとげ自立的な国民経済を形成していったか，そしてその場合にいわば工業化の二重性として，いかにその積極的な面であるプラスの面のみでなく，多くの問題点であるマイナス面をともなっていたかということを扱ったものである．

　この本の前身である『世界史にみる工業化の展開』は，中央大学名誉教授林達先生が1999年3月末日をもって中央大学を定年退職されるとともに古稀を迎えられたことを記念して出版されたもので，西洋経済史の専攻者で先生に直接ご指導を頂いた研究者6名が，主として日頃の研究成果を中心にして工業化に沿って書き進めた原稿を持ち寄り，また先生と個人的に親しい先生方3名からご寄稿いただいて成ったものであった．このたびこの『世界史にみる工業化の展開』を基礎にしてテキストとしてより使いやすいものにし，経済発達の歴史により多くの方々に関心をもって学んでいただけるようその一助になることを願って装いを新たに出版するものである．このたび留意した点は以下の3点である．① 大学に入学して間がない1，2年生が使うテキストとしてとくに重要でないところを大幅に割愛したこと，② その代わりテキストとしてとりあげるべき重要なことは，できるだけくわしくわかりやすい文章でていねいに説明したこと，③ 文章のみではわかりづらく，イメージしにくいことについてはできるだけ図・表・写真を使って説明したこと，である．本書が必要に応じ

て活用され，いわゆる経済史の履修がよりスムーズに，またより関心を深めながら進められるとすれば著者としてこの上ない望外の喜びである．

　なお最後に，このたびも本書の出版に際し終始大変ご尽力を賜った学文社社長田中千津子氏はじめ多くの方々に執筆者一同厚く御礼を申し上げる．

　2007年春

経欧史学会を代表して

片　山　幸　一

・目　　次・

序　論 …………………………………………………… 1
　第1節　工業化の定義 ………………………………… 1
　第2節　工業化の二重性 ……………………………… 3
　第3節　工業化の原因 ………………………………… 6
　第4節　工業化の展開──世界市場の成立 ………… 8
　第5節　産業革命論の変遷 …………………………… 13

第1部　イギリスの工業化

第1章　工業化以前の経済社会 ………………………… 18
　第1節　村落共同体 …………………………………… 18
　第2節　中世の農業 …………………………………… 20
　第3節　荘園制 ………………………………………… 23
　第4節　商業の復活 …………………………………… 28
　第5節　中世都市の成立 ……………………………… 34
　第6節　中世都市の特徴 ……………………………… 35
　第7節　近代──地理上の発見と商業革命 ………… 42
　第8節　東方貿易とアメリカ貿易の展開 …………… 43
　第9節　近代化への始動 ……………………………… 45

第2章　工業化前夜の経済変化：16〜18世紀 ………… 49
　第1節　近代イギリスの政治と経済 ………………… 49
　第2節　中世農業から近代農業へ …………………… 53
　第3節　市場向けの工業と内陸運輸 ………………… 58
　第4節　海外発展と商業革命 ………………………… 63

第5節　18世紀の人びと ……………………………………… 70
第3章　工業化 ……………………………………………………… 77
　第1節　工業化の原因 ………………………………………… 77
　第2節　主導部門とイギリス産業革命の特徴 ……………… 79
　第3節　工　　業 ……………………………………………… 80
　第4節　輸送革命 ……………………………………………… 86
　第5節　外国貿易と技術移転 ………………………………… 88
第4章　19世紀のイギリス経済――工業化の第2局面―― ……… 91
　第1節　製鉄業・鉄道 ………………………………………… 91
　第2節　木綿工業と「棉花飢饉」 …………………………… 95
　第3節　高度集約農業 ………………………………………… 96
　第4節　自由貿易運動と経済構造の転換 …………………… 98
　第5節　イギリス資本主義のボーダレス化 ………………… 100
　第6節　ロンドン万国博覧会と新ジェントルマン資本家 ……… 102

第2部　大陸の工業化

第5章　フランスの工業化 ……………………………………… 108
　第1節　19世紀における経済発展 …………………………… 109
　第2節　巨大だが，停滞的な人口 …………………………… 110
　第3節　家族的経営が支配的な農業 ………………………… 111
　第4節　中小企業が支配的であった工業 …………………… 112
　第5節　貿易赤字・経常黒字の国際収支 …………………… 114
　第6節　フランス的文明生活の確立 ………………………… 114
　第7節　おわりに――フランス革命の経済的・思想的遺産 ……… 116
第6章　ドイツの工業化 ………………………………………… 120
　第1節　工業化の起源 ………………………………………… 120
　第2節　個別部門の発展 ……………………………………… 127

第3部　アメリカ・日本の工業化

第7章　アメリカの工業化 …………………………………………136
　第1節　19世紀のアメリカ …………………………………136
　第2節　アメリカの産業革命 ………………………………138
　第3節　交通革命 ……………………………………………147
　第4節　農業の発展 …………………………………………152
　第5節　南北戦争後のアメリカ ……………………………155
　第6節　アメリカ移民と「資本主義の精神」……………………158
第8章　日本の工業化 ………………………………………………164
　第1節　開国の衝撃 …………………………………………164
　第2節　国家の経済政策 ……………………………………167
　第3節　産業革命の進展 ……………………………………170
　第4節　日本の産業革命の特徴 ……………………………176

索　　引 ………………………………………………………………180

序論

第1節　工業化の定義

　本書では工業化という用語を産業革命と同じ意味で用いる．ただし，工業化の方が産業革命よりも使われる範囲がやや広い．すなわち産業革命の時期よりも後の時期にさまざまな工業部門で機械などが用いられるようになり，工場制度が出現してきた場合でも工業化という言葉は使われるからである．

　工業化，すなわち産業革命とは，新しい生産技術や機械の導入によって機械制工場生産を実現して，道具に基づく手工業的技術を用いて工業生産を行う初期資本主義から産業資本主義に移行させ，それにつれて全社会生活が変化することをいう．新しい生産技術や機械が開発され，それが工業生産に用いられ，すなわち技術革新が行われ，それによってまず産業上の変化が起こり，そうした変化が経済全体におよび，ついで政治・思想にも作用したのである．産業革命が人びとの日常生活に及ぼした影響は，広くかつ深い．

　産業革命がはじまると（始期），まず第1に新しい生産技術（容器や装置の変化，化学的処理法の変化など）や機械（これは原理上ミュール紡績機などの作業機，蒸気機関などの原動機，動軸や歯車などの伝力機によって構成される）が発明され，普及しはじめるので多くの特許が取得されたり消滅したりする．また機械を設置した工場が出現し，増加しはじめる．機械制工場工業の発生である．第2に熟練と道具に基づく手工業的技術にかわって機械等が導入されるので，マニュファクチュアにおいて展開されていた分業・協業体制が完成され，生産力が向上し労働生産性がいちじるしく上昇しはじめる．これは，生産が人間の肉体的限界（筋力）から解放されることを意味し，生産量が増加しはじめる．第3に新しい生産技術や機械の導入によって機械制工場工業が発生し，大規模な集中生産が行われるようになる．労働者はその仕事場または住宅を離れ

て工場に集中し，工場の機械的規律に従って働くことを求められるようになる．この要求は，すぐれた生産力を備え労働生産性の高い工場制生産がマニュファクチュアや前貸問屋制を衰退させ，独立して働く小生産者層を没落させることによって強制される．こうして産業革命によって階層分化が完結する．最後に機械が利用され，工場が建設されるようになり，ただ単に投資される資本額が増大するだけでなく，原材料・賃金にあてられる資本，すなわち流動資本と比較して，機械設備・工場等にあてられる資本，すなわち固定資本が絶対的にも相対的にも増加し，資本の有機的構成が高度化（固定資本の割合が増加）しはじめる．

　以上のような技術革新を行い，それによって労働生産性を向上させ，さらに資本の有機的構成の高度化を特徴とする，機械制工場工業に代表されるような経営を有する資本は，産業資本 (industrial capital) と呼ばれる．それはもっぱら労働者に対する低賃金によって利潤を獲得する初期資本とはことなり，労働生産性の上昇による生産費の引き下げによって利潤を獲得できるのである．したがって産業革命は，産業資本主義の成立過程であり，資本主義の確立過程である．産業資本主義の成立過程とは，産業資本の支配の開始から完成までの過程である．この支配の開始が産業革命の始期であり，その完成が産業革命の終期である．すなわち終期に向かうに従って第1に産業構造が大きく変化しはじめる．たとえばイギリスの場合でみると，農・林・漁業人口が，1801年には全体の36％と総労働人口の3分の1以上を占め，30％を占める製造業・鉱業・建築業人口を上回っていたが，1831年になると前者は25％に減少し，後者は41％になり前者を大きく上回った．また国民所得の産業別分布をみても，1801年には農・林・漁業は33％であるが，製造業・鉱業・建築業が23％になっており前者の方が多いが，1831年になると，前者は23％に減少し，後者は34％に上昇して前者を上回るに至った．このことは明らかにイギリスが農業国から工業国に転換したことを示している．第2に固定資本が大量に投下され，より大規模に工業生産が行われるようになり，生産が拡大し，過剰生産がみられるように

なった．こうして周期的に好況・後退・不況・回復が繰り返される景気循環現象があらわれた．景気が急激かつ大規模に後退するのが恐慌であるが，たとえばイギリスでは1825年に本格的な過剰生産恐慌が発生した．第3に木綿工業などの主要な工業部門で機械化がほぼ終了し，機械工業が成立するなど，その国の主な生産が産業資本によって行われるようになり，産業資本による再生産が軌道にのる．最後にこうして一国の経済構造の変化の結果，政治構造も変化するに至る．産業革命によって新たに発生した産業資本家層が経済的主導権を握り，さらに直接にせよ，間接にせよ，全面的にせよ部分的にせよ政治的支配権を掌握するに至る．

なお，産業革命は，単一の工業部門だけで行われたわけではなく，複数の工業部門で同時にあるいは相前後して行われた．したがって産業革命期に工業部門ごとに国民経済に占める重要性や発展の程度がことなる．産業革命期に変革された産業のなかでもっとも急速に技術革新が行われて手工業から機械制工場工業に移行するとともにもっとも急速に発達し，その結果多くの産業の発展を強く促進しながらその国の国民経済においてもっとも有力な産業に発展した場合，それは主導部門（leading sector）と呼ばれ，国によってことなる．

第2節　工業化の二重性

工業化には二重性ともいうべき2つの側面がみられる．まず第1の側面は，プラスの面で新しい生産技術や人間の筋力の限界を克服した機械の導入によって生産速度や労働生産性がいちじるしく上昇し，全体の生産量だけでなく，1人当たりの生産量が大きく増大することが可能になったことであり，それによって製品1単位当たりの生産費が大きく引き下げられ，価格の低下が実現するようになったことである．またたとえばイギリスの綿織物生産でみられるように製品の品質が向上するとともに均質化したのである．こうして安いより良質の工業製品が大量に販売され，輸出されるようになり，工業が急速に発達するようになった．これは持続的な経済成長が可能になり，物質的な豊かさが実現す

るようになったことを意味する．また，こうした工業の発達にともなって重商主義，すなわち国民の経済活動に対して国家が介入した時代から，自由放任主義のもとで国民の経済活動が自由に行われる，自由競争の時代に移り，自由競争を通じて工業の発達が促進されるようになり，また国によっては政治的解放，すなわち封建制が崩壊し，議会制民主主義の確立がみられた．さらに工業実業家集団の成長が促されたが，実業家の第1世代の多くは，家柄も低く教育もあまりない熟練職人たちであり，彼らは工夫・努力・才能によって立身出世の道を切り開いた．そして成功すなわち富の形成とともに社会的な名誉と尊敬を獲得した．このことは，どのような家柄に生まれたかで社会的な地位がほとんど決定してしまう従来の帰属的原理に対して，業績原理に基づく社会的上昇の可能性が切り開かれたことを意味する（たとえ実質的にはそれが一部の人間に限られていたにせよ）．

次に第2の側面は，マイナスの面で，まず固定資本の大量投下にともない景気循環現象が発生し，周期的に不況あるいは恐慌が発生するようになったことであり，また資本の有機的構成が高度化し，賃金にあてられる資本部分の相対的減少は技術革新による労働節約効果として現象しつつ，多量の失業を生み出す可能性を生じさせた．こうして，いわゆる産業予備軍が発生することである．第2に労働者が工場に集中し，都市人口が激増したためにさまざまな問題が発生したことである．たとえばイギリスではリヴァプールの人口は1801年の8万2,000人から1841年の28万6,000人に，マンチェスターの人口は1801年の7万5,000人から1841年の23万5,000人に激増した．このため不潔で悪臭に満ちたスラム，湿った薄暗い地下室に住む貧しいアイルランド移住者，給水・下水・塵芥処理の施設や便所・墓地の不備，汚物で異臭を放つドス黒い河，コレラやチフスの流行，高い死亡率など，急激に膨張する労働人口とそれを受け入れる施設との極端なアンバランスが生じたのである．

また第3に自由競争が行われるようになった結果，貧富の差が依然として維持され，あるいは拡大したことである．産業革命にともなって社会階級として

賃金労働者階級が形成されたが,この場合注目すべきことは,いわゆる労働市場の成立である.工場制生産が行われ産業資本主義の時代になると,生活に必要なものはすべて市場で購入しなければならなくなる.したがって賃金と物価が彼らの生活の豊かさを決定する主な要因となる.この場合賃金は労働市場における労使の力関係によって,いいかえれば,できるかぎり高く労働力を売ろうとする労働者と,最大の利潤をあげるために,できるかぎりそれを安く買おうとする雇用者との相対的な交渉力によってきまることになる.イギリス産業革命期についていえば,労働組合運動はまだ公認されていなかったこと(団結禁止法——1799年,1800年——が撤廃されるのは1824年,賃金と労働時間について組合活動が合法的になるのは1825年),労働者の移動を拘束していた定住法(1662年)が1795年に改正され,交通手段の改善と相まって,工場労働者の供給を助けたこと,などから考えて労働市場はまったく自由競争市場であり,雇用者にとってはもっとも恵まれた市場条件になっていたといえる.したがって産業革命は国民総生産や国民所得の急速な増加をもたらしたとはいえ,所得の分配において,それは労働者階級をけっして潤すものではなかった.増大した国民総生産や国民所得は所有階級に利潤や地代のかたちで吸収され,労働者の賃金として配分されなかった.

　第4に産業革命によって工業が急速に発達した結果イギリスは大量の工業製品を輸出し,逆に大量の原材料・食料を輸入するようになり世界の各国・各地域にさまざまな影響をおよぼしたが,大別すればイギリスに対抗しながら自国の産業資本を育成し,国民経済を基本的に形成した国ぐに(フランス・アメリカ合衆国・ドイツなどの「後発」資本主義諸国)と,工業発展の道が閉ざされて国民経済形成の道が閉鎖され,ますますイギリスに従属する原材料・食料供給地として固定され植民地化していった諸地域(東南アジア,ラテン・アメリカ,アフリカなどのいわゆる低開発地域)とにわかれ,両者の格差が拡大したことである.

　最後に自由競争の原理のもとで利潤の増大を求めて生産活動が展開されるよ

うになった結果，資源的に浪費的・非循環的生産が発生し，資源の枯渇，環境問題などが発生するようになったことである．

第3節　工業化の原因

工業化の原因には国内からみた原因（条件と考えてもよい）と国際的にみた原因（条件あるいは契機と考えてもよい）とがある．最先進国イギリスの場合には両方の原因が認められるが，後進国の場合には国際的にみた原因が認められる．そこで両方の原因が認められるイギリスから述べ，次に後進国の国際的にみた原因について述べることにする．

(1) イギリス

まず国内からみた原因からみると（くわしくは第1部第3章工業化を参照せよ），18世紀に最先進国であったイギリスでは，初期資本主義の時代にあって前貸問屋制あるいはマニュファクチュアにおいて賃金労働者を雇用して道具に基づく手工業的技術を使って資本主義的生産が行われていたが，それが発達すればするほど労働者に支払う賃金が上昇し，生産費を押し上げいきづまりをみせていた．次に，このように賃金が上昇して生産費が高くなるので，輸出される工業製品も値上がりし，こうして開拓された広大な海外市場でも労働者の賃金が安く資源が豊富なために比較的割安な後進国の工業製品，とくにインドの綿織物との競争が困難になり，いきづまりに直面する．こうして国内だけでなく，海外市場でも新しい生産技術や機械を導入して労働生産性を引き上げ，より安い生産費で生産することが求められる．これが国際的にみた原因であるが，国内からみた原因の方が基本的であり重要である．

(2) 後進国（フランス・アメリカ合衆国・ドイツ・ロシア・日本）

後進国の工業化は，それぞれの国の社会的経済的条件のもとでさまざまな形で最初に工業化をとげたイギリスからの影響を受けてはじまったものである．まず第1に，後進国にはイギリスから安くて良質の工業製品が大量に流入するようになり，在来の工業が滅亡の危機に直面したことである．工業製品の流入

による影響はその国がイギリスから離れているかどうか,その距離によっても ことなる.しかし,その後遠距離にあっても,輸送手段が発達するようになる と工業製品の流入や国内での普及は避けられなくなる.すなわち1830年代から 始まった鉄道建設は世紀半ば以降になると世界的規模に広まった.また海上で は世紀後半には木造帆船からしだいに鉄製蒸気船の時代へ移るが,1869年のス エズ運河の開通は蒸気船時代の到来を決定的にした.このように輸送手段の発 達は,後進国への工業製品の流入や国内での普及を実現し促進した.次に工業 製品の流入はその国の貿易政策,すなわち輸入禁止措置あるいは高率保護関税 か低率関税かによってもことなる.

第2に,工業製品の流入による自国の工業の衰退を回避し,自国の独立を維 持するために新しい生産技術や機械を先進国から導入したことである.後進国 の製造業者は,1つにはイギリス製造業の競争による破滅を回避するために, 1つには大きな利得機会を獲得するために,そして国家は国力を増進し,独立 を維持するために競ってイギリスの新しい生産技術や機械を導入しようとした のである.イギリスは新しい生産技術や機械の伝播を阻止し,技術革新の独占 を維持しようとして,1825年まで熟練職人などの国外移住を禁止し,1842年ま で機械の輸出を禁止した.

しかし,多くの発明は熟練職人の亡命や密出国,誘拐,機械や模型・図面の 密輸によって発明とほとんど同時に大陸に伝えられた.また形状をとどめない ように機械類を解体するといった巧妙な工夫をして,法の規制をくぐり抜けた 機械類の輸出も,不断に行われた.たとえば1752年にフランスに亡命したジョ ン=ホルカーは71年にジェニー紡績機をサンスの王立工場に移植し,1779年に はホールがアークライトのクロムフォード工場から水力紡績機を密輸した.ド イツでは製鉄業の銑鉄工程で,1796年に最初のコークス炉が,上シュレージエ ンの王立グライヴィッツ鉱山でイギリス人技師の指導で設立された.またF. レーミは,イングランドのスタフォードシアに留学して製鉄技術を学び,24年 に自分の経営する中部ラインのノイヴィートのレーゼルシュタイン鉄工所にパ

ドル法を導入し，イギリス人パドル工を雇用した．アメリカでは1789年にイギリスからやってきた熟練工サミュエル=スレーターがプロビデンスの貿易商ブラウンやアルミーとパートナーシップを形成し，後に「ロード・アイランド型」木綿工場として知られる小工場を1791年にロード・アイランド州に設立した．またロシアではドイツ人企業家クヌープの仲介によって多くの綿紡績機が導入され，イギリス人ジョン=ヒューズは南ロシアに近代的な鉄鋼業を創設した．日本では明治政府が1878（明治11）年2,000錘紡績機2基を輸入して愛知・広島に官営紡績所を設立し，さらに79（明治12）年起業基金23万円を費やして2,000錘紡績機10基を輸入して民間に払い下げた．

　第3にイギリスによって資本の投資を受けたことである．鉱工業の分野ではイギリスによる投資は大部分直接投資の形をとり，19世紀の前期に小規模ではあるが，イギリスの企業が大陸に進出し，繊維工業・製鉄業・機械工業等を営んだのである．工業化の初期段階において，欧米の工業化途上にある国々へ，資本が新しい生産技術や経営能力をたずさえて外国へ進出することは，19世紀の工業化の発展と普及に重要な役割を果たしたのである．

第4節　工業化の展開——世界市場の成立

　19世紀には，最初に工業化を達成したイギリスを中心にして世界の各国・各地域との間に国際交流が行われ，新しい国際経済体制，とりわけ世界市場が成立した．イギリスと世界の各国・各地域を結ぶものは1．貿易，2．新しい生産技術や機械の伝播，3．海外投資，4．移民である．イギリス産業革命以後の1830年代から1870年代までは，イギリスが圧倒的に優位な生産力的基盤の上に「世界の工場」として君臨した時代であり，またそれが自由貿易政策を武器として世界の各国・各地域に進出した時代であり，したがってまたイギリスが綿製品を輸出し，綿花と食料を輸入するといった貿易構造を保持しており，本質的に木綿工業の時代であったともいえる．

　はじめに1の貿易についてイギリスを中心にしてみると，1830年に輸出では

綿製品（32%）などの工業製品が84%を占め，輸入では綿花（19%）などの原材料が64%, 食料が29%を占めていた．1870年になると輸出では綿製品（36%）をはじめとした工業製品が88%, 輸入では綿花（17%）などの原材料が52%, 食料が34%を占めていた．このように大量の工業製品を輸出し，大量の原材料・食料を輸入していたが，まず輸出からみると工業製品の中心となる綿製品，そのなかでも重要な綿織物に注目すると，1830年の綿織物の輸出量・輸出額は，それぞれ445万ヤード，1,412万ポンドであり，ヤード当たり平均7.6ペンスであった．1870年になると，綿織物の輸出量・輸出額はそれぞれ3,258万ヤード，5,301万ポンドであり，ヤード当たり平均3.9ペンスであった．このように輸出額よりも輸出量の方が増加率が高く，イギリスは年を追う毎にますます多くの綿織物をますます安く輸出し，世界の各国・各地域に経済的圧力を加えるようになった．そして輸出先としては1820年にはヨーロッパが51%でもっとも多かったが，30年になるとヨーロッパ31%に対して中南米が33%を占める．50年には中南米が27%でもっとも多く，ついでインドが23%を占め，70年になるとインドが28%でもっとも多く，ついでアフリカ・トルコが21%を占めており，主な輸出先はヨーロッパから中南米・インドと移っていった．また鉄鋼が1860年代，70年代になるとかなり増加しており，70年には全体の12%を占め，主な輸出先はアメリカ合衆国・ドイツ・フランス・オランダなどのヨーロッパ諸国であった．

次に輸入をみると，1830年では綿花と砂糖がもっとも多いが，50年には綿花と穀物がもっとも多く，70年でも綿花，ついで穀物となっている．そこで綿花と穀物の内，まず綿花からみると，輸入量は1830年の2億6,100万重量ポンドから70年の13億2,100万重量ポンドに急増しており，輸入先としてはアメリカ合衆国，ついでインドである．イギリスが輸入する綿花は，アメリカ合衆国の綿花輸出の大半を占めており，アメリカ南部の綿花生産量はイギリスの木綿工業の発達にともなって増加した．綿花輸入量の増大は，奴隷制プランテーションを拡大し，南部奴隷制を強化しただけでなく，南部をイギリス産業資本に従

属する綿作モノカルチャー地帯に転化させていった．またインドからの綿花輸入の増大は，インドの綿花栽培を拡大し，非資本制的綿花生産を発達させたのである．次に穀物，とりわけ小麦の輸入は1830年の166万クォーターから1850年に483万クォーター，70年には861万クォーターと激増し，50年にはドイツから122万クォーター，アメリカ合衆国から54万クォーター，60年にはアメリカ合衆国から217万クォーター，ドイツから161万クォーターが輸入された．ドイツからの小麦の輸入の増大は，とりわけ1830〜40年代には東エルベ（バルト海沿岸諸州）のユンカー農業の顕著な発達を可能にした．またアメリカ合衆国からの小麦輸入の増大は，西部開発の急速な進展と農業生産の拡大，全国的な鉄道網の形成によるものであるが，また西部農業にとって輸出は重要な意味があった．というのは，総生産に対して輸出の割合は低くても，生産増加分に対する比率は高く，また輸出が行われたおかげで，生産増加にともなう価格下落がある程度くいとめられたからである．こうしてイギリスの穀物輸入は，アメリカ農業，とくに西部農業の発達を促進したのである．

　2の新しい生産技術や機械の普及についてみると，多くの熟練職人や技術者が渡航し，機械・模型・図面の密輸だけでなく，しだいに多くの機械が輸出されるようになった．たとえばフランスには1822〜23年に多数の熟練職人がイギリスから渡ってきており，ロシアにも1824年にはかなり多数のイギリス人の熟練職人がいたのである．またわが国では外国人技術者や教師が積極的に雇い入れられ，政府関係では1875（明治8）年が最高で527人，民間部門では1897（明治30）年が最高で768人に上り，明治期を通じて文部省派遣の留学生総数は683人に達した．機械の輸出では1825年に機械の輸出が許可制になったが，1825年から29年までのイギリスの機械類の輸出総額は115万5,000ポンドであり，そのうち約半分がフランスをはじめとしたヨーロッパ大陸諸国，4分の1がイギリスの植民地に向けられたとされる．また1840年のイギリスの機械の輸出先をみると，ドイツ・フランスなどのヨーロッパ諸国，インドなどのアジア，アメリカ合衆国など北アメリカ・南アメリカの各国・各地域に輸出されている．その

後1843年の輸出自由化以後,輸出額は1846年に110万ポンド,1865年には520万ポンドに達した.

3の海外投資すなわち資本輸出に移ると,海外投資の盛期が始まるのは1870年以降で,それから第1次大戦までの間に投資額が膨大な額に達したが,産業革命以後1870年代までの間に海外投資が行われなかったわけではない.資本輸出額が抜群に多いのはイギリスで,第2位はフランスである.たとえば1855年にイギリスは23億ドル,フランス10億ドル,70年にイギリスは49億ドル,フランス25億ドルであり,投資先は主にヨーロッパ・アメリカ合衆国・中南米とインドであった.1830年代にイギリスの民間資本は,運河や鉄道のために発行されたアメリカの州債や市債の購入に,40年代にはフランスの鉄道投資に向けられ,50年代半ばにはアメリカ向け鉄道投資が増加した.このように産業革命以後1870年代までの海外投資は,主にヨーロッパ大陸諸国およびアメリカの鉄道建設に向けられた.多くの場合,鉄道会社はイギリス人発起人によって設立され,鉄道はイギリス人の請負業者・技師・職人の手で建設されたので,鉄道資材もまたイギリスから輸出された.したがって海外鉄道投資は,鉄鋼製品・機械などに対する追加的需要をもたらし,その輸出を促進した.また投資を受け入れた国では,外国資本を鉄道建設に用いることにより,国内の貯蓄を農業機械,工場設備,その他各種の生産財生産部門への投資に振り向け,外国資本の導入は間接的に産業の発展に貢献した.さらにインドをはじめとする植民地のプランテーション経営,鉄道その他の輸送手段に対する投資は安い豊富な原材料と食料の生産および輸入や綿製品などの輸出を促進した.

最後に,4の移民についてみよう.出移民国側では,ヨーロッパの内でも北西ヨーロッパがほとんどで,そのうち1821〜50年ではイギリスが260万人(77％),ドイツが60万人(18％)であり,1851〜80年ではイギリスが460万人(57％),ドイツが210万人(26％)でイギリスがもっとも多い.移民受入国では,1821〜50年ではアメリカが238万人(67％),カナダが74万人(21％)であり,1851〜80年ではアメリカが773万人(68％),カナダが82万人(7％)で,圧倒的

にアメリカが多い．こうした出移民国側の移民を押し出す基本的要因としては，いちじるしい人口増加のもたらす人口圧，封建的・伝統的農業から近代的・資本制農業への移行（農業革命）およびイギリスから始まった工業化の拡大と深化に求められる．入移民国側，すなわちアメリカ側の移民を引き寄せる要因としては，肥沃で広大な処女地と少ない労働力による高い生活水準にあった．また移民を促した要因として，交通手段の発達による移民渡航の安全・迅速・低廉化と，政府の移民奨励策があげられる．

　移民の中に含まれていた熟練職人は，新しい工業技術の導入を成功させるのに貢献した．また移民は工業化と大規模生産に不可欠な労働力を供給して移住先の工業発展に貢献し，アメリカなどでは鉄道網の建設において労働力の供給源として大きな役割を果たした．またそれは単に人口を増加させただけでなく，未開発資源の開発を促し，国民所得の増大を通じて国内市場を拡大したのである．

　イギリスの工業と自国の手工業との間の生産力的格差に直面したヨーロッパ諸国やアメリカ合衆国などは，以上のような貿易のみでなく，新しい生産技術や機械，資本や労働力の導入など先進国からさまざまな影響をうけながら，それぞれの国内の社会経済的条件に規定されてイギリスへの経済的従属に陥ることを阻止するために工業化をはかり，自立的な国民経済を形成しつつあった．これらの国ぐにには独自の構造をもつ産業資本主義を形成するとともに，その産業構造と生産力に応じて，イギリスを中心として各国・各地域を貿易で結ぶ世界市場の中に位置づけられることになった．またこれらの国ぐにこれで統一よりもさらに遅れて工業化を開始したグループがある．それは19世紀末〜20世紀初頭の帝国主義の時代になって，イギリス・フランスなどからの外国資本の導入に大きく依存しつつも自立的かつ対抗的な工業化を本格的に開始し，国民経済を形成していったイタリア・ロシア・日本などである．これに対してアジア・アフリカ・中南米の諸国・諸地域は，日本を唯一の例外として，19世紀には自立的な国民経済への道を閉ざされて植民地＝モノカルチャー的産業構造化が進

みつつあり原材料・食料供給地として世界市場に組み込まれていった．

世界市場の構造をおおまかに表現すれば，イギリスが中心に位置し，その周辺に工業化しつつある欧米資本主義諸国が主要な食料・原材料の供給地（穀物・酒・綿花・羊毛・木材），工業製品の輸出市場（綿製品・羊毛製品・鉄鋼・機械）として配置され，さらにその外側を中南米，中近東とりわけインドをはじめとするアジアの農業諸国と植民地とが原材料・食料の補完的供給地（綿花・熱帯産品），工業製品の代替的輸出市場として取り囲むという同心円的三層構造を形成していた．世界の貿易量に占める割合をみると，1870年にはイギリスが25％，フランス・ドイツがそれぞれ10％で，イギリスが2位以下のフランス・ドイツを大きく引き離していた．またこの構造は，この期間を通して不変だったわけではなく，内部には重要な重心の移動が生じていた．すなわち，(1)欧米資本主義諸国はしだいに綿製品輸出市場から鉄鋼・機械輸出市場へと転換していった．この背景にはこれら諸国における産業革命の進展という事実が存在していたのである．(2)それにともない綿製品の輸出市場として後進農業地帯（とくにインド）の重要性が増大しつつあったのである．

第5節　産業革命論の変遷

最後に，産業革命に関する研究が今までにどのような過程をたどってきたかを振り返っておこう．「産業革命」という言葉は，1884年に出版されたアーノルド=トインビーの『18世紀イギリス産業革命講義』によって広く世に知られるようになった．その後ポール・マントゥの名著『18世紀産業革命』（1906年）が出版された後，経済史研究家の間で学術用語として定着した．

トインビーは，1760年を境としてイギリスの社会経済に急激な変化があったとみる断絶説に立ち，その後の数十年間にイギリス社会の国富は工業革新から増大したが，労働者は相対的に貧困化したと考える悲観論を展開した．この悲観論と断絶説をとるものには，先のマントゥ，1910年代のハモンド夫妻，ウェッブ夫妻の研究，ホブズボームなどが入る．ホブズボームは，イギリス産業革命

の世界史的意義を市民革命とともに近代ブルジョア社会，その経済体制としての資本主義確立の歴史的画期としてとらえ，質的で構造的な経済的社会的変化に過去との本質的な差異を認め，そこに産業革命の革命性を主張している．これらの研究は，社会現象の諸変化の質的側面を重視し，産業革命がもたらしたいわば負の側面に焦点をあわせて，それがもたらした社会問題・労働問題などを強調した．

それに対して，1920年代中頃から50年代にかけて，クラッパム・リプソン・アシュトンらが，産業革命を肯定的にとらえた．イギリス産業革命による社会・経済過程の変化は「連続的」であること，言い換えれば資本主義の漸次的・連続的発展を主張した（連続説）．また労働者階級の生活水準は低下したとする悲観的見解とは逆に，むしろ向上したとする楽観論を強調し，社会現象の諸変化の量的側面を重視して諸事実・諸変化の数量的測定を主要な方法的武器とした．なかでも画期的意味をもったのは，クラッパムが，1926年に『近代イギリス経済史』（第1巻）を出版したことである．これは従来の伝統的な産業革命観に疑問を投げかけ，統計的な手法を用いて，産業革命がいかに漸次的で局地的なできごとであったかを述べた．また1790年以降60年の間に，都市および工業労働者の賃金はいちじるしく上昇したこと，したがって労働者大衆の物質的な豊かさが改善されたことを主張した．クラッパムに続いて，リプソン・アシュトンらが産業革命はイギリスの経済発展上重要な役割を果たし，人びとの生活向上に貢献した，という楽観論を展開するとともに，経済発展の連続性を主張したのである．

1950年代中頃から70年代初期までは，戦後の西欧経済の繁栄をうけて，イギリス産業革命を工業化の起点ととらえ，開発途上国の工業化のモデルとして位置づけるロストウ・ディーン＝コール・マサイアス・ランデスらの研究が登場した．これらの研究は，近代経済学の成果，とくに成長理論を導入することによって経済成長という観点から産業革命を工業化として分析しようとした．ロストウは『経済成長の諸段階』（1960年）において「発展」(development)とい

うタームを用いずに，量的変化をあらわす「成長」(growth) という近代経済学の概念を採用して，従来の発展段階という思考方法の修正を迫った．彼は「産業革命」という語のかわりに「離陸」（テイク・オフ）という新語を使ったのである．「離陸」とはあたかも飛行機が滑走路をスピードをあげて空に飛び上がるように，「生産的投資率が国民所得の5％ないしそれ以下から10％以上に上昇すること」である．5％以下ならば，失速して離陸できないという意味である．そして彼によれば，離陸の期間は各国ともおよそ20年で，従来イギリスの産業革命期が1760～1830年とされていたのに対して，ロストウはイギリスの離陸期を1783～1802年とおさえた．彼は資本形成率とか経済成長率などの数量的研究から離陸期を検出したのであって，ロストウ説を従来の連続説とはことなるとみるにしても，ドラスチックな社会的変化が離陸期にあったといっているわけではない．また労働者の生活水準が低下したとする悲観論をとっているのではなく，楽観論に立ち労働者の貧困化が発生しないことを立証しようとしているのである．またディーン＝コールは1962年に『イギリスの経済成長，1688～1959年』を刊行し，綿密な統計的手法を用いて約3世紀にわたるイギリスの経済成長率を測定した．彼らはそれまでの通説を批判し，1740年代と1780年代に急成長が起こったことを示したのである．

しかし，1973年のオイル・ショックを契機に，イギリスの経済は大きな打撃をうけて，その後の回復過程では他の先進国に大きく立ちおくれた．このような経済的背景をもとに，それまでのイギリス産業革命に対する楽観的な見方に対して，懐疑的な見方がみられるようになった．それは19世紀末の悲観論とはことなった角度から提起された．その代表はクラフツであるが，同じように統計的手法を用いて，ディーン＝コールの見解を批判し，イギリスの産業革命は彼らが主張するほど劇的な経済変動ではなく，漸進的な経済発展過程であったとするものである．すなわち，ディーン＝コールは19世紀はじめの国民総生産の成長率を年3.06％と見積もったが，クラフツは1.97％であるとした．また工業生産高増加率の推計も，たとえば1800～30年でみるとディーン＝コールが4.4

％としたのに対して，クラフツは3.0％としており，ディーン=コールの数字とクラフツの数字との間にはかなりのギャップを認めることができる．クラフツは，イギリス産業革命時に発生した経済現象は，限定的で，断片的なものであるとしており，産業革命がより否定的に描かれるようになったのである．

☞ 学習の課題

1. 産業革命あるいは工業化とはどんなできごとであったと考えたらよいのだろうか．
2. イギリスは，産業革命を経て工業製品の輸出と原材料・食料の輸入を通じて，世界の各国・各地域にどのような影響をおよぼすようになったか検討しなさい．

📖 参考文献

- I．ウォーラーステイン（川北稔訳）『近代世界システム1730〜1840S ―― 大西洋革命の時代 ―― 』名古屋大学出版会　1997年
- 林　達『西洋経済史入門』学文社　1996年
- 長岡新吉・太田和宏・宮本謙介編著『世界経済史入門』ミネルヴァ書房　1992年
- 松井　透『世界市場の形成』岩波書店　1992年
- 中村　進『工業社会の史的展開』（とくに序章産業革命像の変遷）晃洋書房　1987年
- 藤瀬浩司『資本主義世界の成立』ミネルヴァ書房　1980年
- 永田正臣『増補改訂イギリス産業革命の研究』（とくに第1部産業革命論の変遷）ミネルヴァ書房　1979年
- 荒井政治『国際経済史入門』東洋経済新報社　1976年
- 角山　栄『経済史学』東洋経済新報社　1975年
- 河野健二・飯沼二郎編『世界資本主義の形成』岩波書店　1967年
- またヨーロッパ・アメリカ合衆国・日本の工業化に関する論文を掲載している学術雑誌として次のものがある．
  『社会経済史学』社会経済史学会　1931年〜．
  『史学雑誌』史学会　1889年〜．
- さらに各テーマ・項目毎に毎年発行・発表される専門書・研究論文を掲載しているものとして次のものがある．
  大阪経済大学日本経済史研究所編『経済史文献解題』清文堂出版　1960年〜．

第1部　イギリスの工業化

第1章　工業化以前の経済社会

第1節　村落共同体

　中世封建社会における村落共同体は，ゲルマン民族の移動とその後の部族国家の形成過程を通じて成立した．この中世の村落共同体（ゲルマン的共同体）は古い種族的＝血縁的関係が決定的な意義をもつ社会ではなく，「土地占有者」の共同体として，地縁的関係に基礎をおく社会であった。つまりゲルマン的共同体は定住形態としての「村落」というよりは，土地占取者の隣人集団という意味をもつ社会であった．

　さらにゲルマン的共同体の「村落」を構成する個々の「家族」のあり方も，その共同体の歴史的性格に対応して独自の姿をとっていた．ゲルマン的家族は，古典古代的なそれと同様に，家父長制的小家族の姿をとっていた．しかし，古典古代的なそれと基本的に異なって，「ゲルマン的」家族においては，「家父長権」の家族に対する支配力がローマの家父長権に比べて不徹底なものとなったばかりでなく，その支配力の様式も異なったものとなっている点である．すなわち，ゲルマン的家族の場合には，家長の「保護の権力」はすでに「保護の義務」もともなっており，したがって家族の各構成員は家父長権に服しながらも古典古代の場合と異なって，身分上も，また「財産」の私的占取上も，家長に対してある程度の相対的に独立した地位をもつようになっていた．ゲルマン的共同体においては，村落全体によって共同に占取された「土地」はその内部でさらに共同体の各構成員によって「私的」に占取され，相続されたのである．このようなゲルマン的共同体はフランク諸部族の拡大にともなって

各地に伝播していった．

　このような村落共同体を基盤とし，その内部から生み出されてくる生産関係を基軸として，8世紀末から9世紀初頭にかけて中世ヨーロッパ社会が形成されてくる．もちろん，こうした「土地」の「私的占取」は近代におけるような完全に排他的な私的所有ではなく，共同体全体による一定の共同体規制のもとにおかれていたのであり，いわゆる「フーフェ制（hufe）」という形態のもとに共同体の各構成員は村落の支配下にある「土地」を私的に占取したのである．フーフェ制という特有な土地占取形態を含む当時の典型的なゲルマン的「村落形態」は次のようなものであった．

　まず村落の中心部に，(1)領主またはその代理人である荘司の館，農民の家屋，教会，荘園裁判所などが存在した．(2)その宅地の周辺部に領主や農民の菜園（野菜や果樹の栽培地）があり，各自が個別的に利用していた事実上の所有地であった．(3)その外側に多数の「地条」の集合体である耕地があり，(4)それに隣接して放牧地と牧草地があった．(5)そして村外れには，荒蕪地，森林，沼沢地，河川などがあった．(4)と(5)の部分は村民が共同の用益権をもつ共同地といわれた地域である．

　ところで，フーフェ制とは当時の標準的な農民の生活を支える土地所有の単位であり，その具体的内容は，まず事実上の所有地である宅地と菜園を占取し，その周辺に広がる耕地と共同地を保有するという土地所有の制度である．ここで注目すべきことは，耕地の保有方法の特異性である．村民は耕地を一個所に集中して保有したのではなく耕地の各所に分散する小地片（地条）を自己の耕地として一定の共同体規制のもとに私的に保有したのである．そしてこの場合，標準的農民が保有する地条の数は約30個が普通であったといわれている．また農民は耕地の周辺に広がる共同地に対して自己の所有する「耕地」の大きさに比例して共同地の用益権を行使できた．

　以上のごとく「フーフェ制」というのは，農民が標準的な生活を維持していくために必要な3つの部分，(1)宅地と菜園，(2)30の地条からなる耕地，(3)共同

地用益権，の総和をなす「土地」占取の方法であり，こうしたフーフェ農民が村落共同体の本来の構成員とみなされていたのである．

第2節 中世の農業

(1) 三圃式農法

村落共同体における中心的生産活動の場は耕地である．耕地は普通3つの耕圃（field）に分けられ，第1の耕圃（冬穀地）では秋播きの小麦，ライ麦が栽培され，第2の耕圃（夏穀地）では春播きの大麦，からす麦，豆類などが栽培される．第3の耕圃（休閑地）では地力の回復をはかるために何も栽培されず，家畜の放牧と犂耕が行われるだけであった．次の年は冬穀地に春播きの穀物が栽培され夏穀地として利用される．夏穀地は休閑地に，休閑地は秋播きの冬穀地として利用される．3年目は夏穀地が休閑地に，休閑地が冬穀地に，冬穀地が夏穀地として利用される．3年で一巡する耕作方法がとられた．これが三圃式農法である．

図1-1 三圃式農法

	1年次 3月 6月 8月 10月	2年次 3月 6月 8月 10月	3年次 3月 6月 8月 10月
第一耕圃	小麦の収穫と放牧 （冬穀地）	大麦の播種→大麦の収穫と放牧 （夏穀地）	犂耕2回 小麦の播種 （休閑地）
第二耕圃	大麦の播種→大麦の収穫と放牧 （夏穀地）	犂耕2回 小麦の播種 （休閑地）	小麦の収穫と放牧 （冬穀地）
第三耕圃	犂耕2回 小麦の播種 （休閑地）	小麦の収穫と放牧 （冬穀地）	大麦の播種→大麦の収穫と放牧 （夏穀地）

出典）林 達編著『一般経済史』学文社 27ページ

ところで，耕地が3つに分けられたのは中世農業の必然的な理由によるものであった．時は主に畜肥が肥料として用いられていたが，それが十分に得られなかったので，地力枯渇を防ぎ地力の回復を待つために，3年に1度，耕作地を休ませ家畜を放牧し犁耕する必要があったからである．これが休閑地を必要とする中世の農業経営の特色であった．

　中世の農業には三圃式農法だけでなく，二圃式農法もあった．二圃式農法では，二分した耕地の半分を休閑地にし，残りの半分に冬穀か夏穀を栽培する方法がとられた．この方法では耕地の半分しか利用できず，それだけ粗放的で生産力が低い．一般に，二圃式は三圃式の先行形態と考えられており，11～13世紀頃に二圃式から三圃式に移行したとされている．三圃式への移行は農業生産力の上昇をもたらしたが，ヨーロッパ全域に普及したものではなかった．ヨーロッパの中でも，寒冷な北欧では冬穀地が利用できず，逆に夏が乾期の南欧では夏穀地が利用できなかったので，これらの地域では二圃式農法が残存したである．

(2) 開放耕地制

　三圃式農法の耕地は3つの耕圃に分けられたが，耕圃は約10個程度の耕区 (furlong) に分けられ，さらに耕区は細長い土地＝地条 (strip) に分けられた．農民は各耕圃各耕区にいくつかの地条を分散して保有する．農民の保有地は常に他の農民の地条と入り組んで接することになる．これを混在耕地制あるいは分散地制 (scattered field system) という．こうした耕地制度の目的は各耕地の地質の相違にもとづく農民間の土地保有の不平等を排除し，共同体成員間の「平等」を保つためのものであった．これがゲルマン的共同体に固有の「形式的平等」である．

　地条の大きさは必ずしも一定ではなかったが，一般に約0.4ヘクタール（長さ200m，幅20m）であり，これがイギリスの面積単位1エーカー，ドイツの面積単位1モルゲンにあたる．また地条は隣接する地条と生け垣，柵，溝などによって分離されることなく，わずかに犁き残された棒状の「畔」によって他

人の地条と区別されていたにすぎなかった．また刈り入れ後は家畜の共同放牧地として全農民に開放されていたので，この耕地制度は，開放耕地制（open field system）と呼ばれる．このように各農民の地条は互いに混在していたので農業経営における「共同作業」が強制され，自主的な創意ある個別的農業経営は不可能であった．

　こうした共同耕地の周辺には，放牧地，牧草地，荒蕪地，森林，沼沢地，河川などを含む共同地（common land）が広がっていた．そこから農民は，「放牧権」，「採草権」，「木材伐採権」，「薪炭採取権」，「漁猟権」などの諸権利を自己の保有地の大きさにほぼ比例する形で獲得していた．これは農民の農業経営にとって不可欠なものであり，また農民の重要な副次的収入源であった．

　農民の耕地の犂耕には通常，重量有輪犂（ゲルマン犂）が使用された．これは犂刀，犂，撥土板の使用によって一回の犂耕によって耕耘は完了するが，方向転換が困難であったので，できる限り長い距離を直行することが能率的であ

図1-2　犂を引く馬

（上）バチカン図書館蔵の写本

（下）十三世紀の写本 ブリュッセル・王立図書館蔵

出典）堀越宏一『中世ヨーロッパの農村世界』山川出版社　1997年　45ページ

り，長い地条が最適の形状となったと考えられる．ゲルマン犂は，以前に用いられていた無輪犂（ローマ犂）より能率的であったが，かなり重量があったので普通8頭の牡牛によって牽引されて初めて犂耕が可能となった．この1犂耕隊を構成する8頭の牡牛の調達は，家畜の飼育技術の未熟な中世初期には容易ではなかった．それゆえ，いったん編成された犂耕隊仲間の農民達は，強力な村落共同体規制によって相互に結合され，この結束を破ることは農民の再生産を妨げる「罪悪」と考えられ，事実，違反者はきびしく罰せられたのである．また，混在耕地制のゆえに，犂耕は共同体全員の決議や慣習に束縛されて行われた．このように中世の農業は「共同作業」として行われ，播種から収穫にいたるまで「村落共同体規制」と「伝統的慣行」に支配されていたのである．

第3節 荘園制

荘園制とはヨーロッパに8, 9世紀から17, 8世紀にかけて展開した封建的土地所有制である．荘園制は領主・農民関係を基礎とする土地所有制度であり，中世の人びとの生活思想を規制した社会の基礎構造であった．

ところで，荘園制は地域や時代による差異はあったが，これを大きく分けると2つの類型に分けることができる．1つは古典荘園制，もう1つは純粋荘園制（地代荘園制）である．この分類は同時に年代的区分ないし段階的区分としても理解される．前者の場合は荘園領主が大規模な領主直営地を所有していて，それを主として農民の賦役労働で耕作している形である．こうした古典荘園制がはっきりとした形を現してくるのは大体8世紀末から9世紀初頭である．ところが12世紀から13世紀になると，古典荘園制は解体し，純粋荘園制が一般に成立してくる．つまり領主が直営地経営を止めて，それを農民に賃貸してしまうのである．農民の賦役（労働地代）は廃止されて，その代わり生産物地代ないし貨幣地代が成立してくる．そうなると，以前の領主と農民の身分的拘束関係は弛緩し，領主は地代を徴収し，農民は地代を収めるという単純な「物的関係」に移行していくのである．

(1) 古典荘園制

8世紀末から9世紀初めにかけて,西ヨーロッパなかんずくロワール・ライン川間のガリア地域,さらにイングランド南東部といった最先進地帯に,古典荘園制がもっとも純粋な形で現れてくる.古典荘園制とは所領が領主直営地と農民保有地に分割されているとともに,その両者が領主直営地での農民の賦役労働によって結びつけられていることを基本的特徴とするものである.領主は直営地を,主として農奴の賦役労働に依存して経営していた.しかも,領主は農民に「1週3日」という週賦役労働を強制したのである.その結果,農奴の領主に対する人身的隷属は非常に強いものとして現れるだけでなく,週賦役を負担している農民の経済は領主の「恣意」によって絶えず妨害されざるをえなかった.しかも,初期封建社会においては,「土地所有」はさまざまな経済外的強制や支配をその属性としてもっていたのであり,荘園支配の本質は土地所有を土台とした人間支配（農民支配）の体制であった.領主は農奴に週賦役を強制しただけでなく,結婚や相続を厳しく規制していたのであり,私的土地所有と公的支配権（裁判支配権,人身支配権,軍事支配権）が結びついていたのである.

古典荘園制の形成とともに農民集落のあり方も変化した.中世初期の農民集落は,大体において,5戸からせいぜい10戸程度のルーズな小村（散村）であった.これらの原初村落には主穀生産のための共同耕地が2～4個あり,その内部は帯状の細長い地条に分割されていた.農民はそれぞれの共同耕地の地条を保有し,全体として,ゆるい「共同耕作の原理」または「耕地強制」の原始的な規制にもとづき,農業生産に従事していた.ところが8～9世紀になると,セーヌ川からライン川にかけての地域,つまりカロリング王朝の勢力基盤となる地域に,20～30戸程度,共同耕地6～10個程度からなる村落（集村）が形成され始める.ちょうどこの頃から,古典荘園や三圃式農法が現れる.それゆえ,8～9世紀こそ中世農業制度の歴史的起点ないし画期であると考えることができるのである.このような原初村落の集村化は,北フランスやライン地方のよ

うな先進地帯でもっとも早く開始され，その後，数世紀を経て，その他の地域に普及し，13世紀頃には集村化はほぼ完了したと考えられる．この集村化の進行にともなって，村落内の「共同耕地」は3つの耕圃に区分され，三圃式農法が採用されるようになり，古典荘園支配がもっとも典型的に成立してくるのである．

　古典荘園時代の農民の諸負担において，圧倒的に大きな比重を占めていたのは賦役＝労働地代であった．賦役は大別すると，農業賦役，工業賦役（製造賦役），運搬賦役の3つからなる．農業賦役は2つに区別できる．1つは賦役が「日数」によって定められる週3日の週賦役である．もう1つは「定地賦役」と呼ばれるものであって，農民は領主直営地の一定面積を割り当てられ，農民の責任において耕作，経営し，収穫物を領主に収める制度である．農業賦役の中で主たる役割を演じたのは週賦役であったが，農民はこのほかに，犂耕賦役，季節賦役，不定量賦役（領主の恣意による賦役）を負担しなければならず，領主による農民支配は強力なものであった．領主が農民に対してこのような種々の賦役を強制できたのは，「経済外的強制」の行使によるものである．

　当時，荘園領主は隷属農民に対して，直営地の農業労働だけでなく，工業労働をも強制した．この工業賦役の具体的内容は，ビール醸造，パン・衣服・木工品等の日常必需品の製造であった．さらに特殊な技術をもっている農民には「金属用具」まで製造させた．

　運搬賦役には2つあった．それは所領内の運搬賦役と所領外への運搬賦役である．所領運搬は分散する多数の領主直営地から領主の上級管理庁あるいは都市にある特定の穀倉へ各種生産物を運送することと，各所に散在する領主直営地相互間において，穀物の種，家畜，農具，木材等，直営地経営を保持，継続するのに必要な品物を運送することであった．また，所領外への運搬は主に，生産物を「市場」で販売するために運搬するのが目的であった．荘園領主は，この運搬賦役を利用して，各荘園，あるいは領主直営地相互間に，必要な物資を分配することができたのであり，これによって領主は多数の領主直営地をあ

たかも一個の統一的な再生産単位であるかのように編成することができたのである．

ところで，領主が賦役労働および地代納付を強制した農民保有地に対する権利は，普通上級所有権と呼ばれ，これに対して農民自身の権利は下級所有権または保有権と呼ばれている．したがって農民保有地において，上級所有権，下級所有権という2つの権利が重なりあっていて，この2つの権利は一方が強くなれば，他方が弱くなるという対抗関係にあった．古典荘園制のもとでは前者が強く，かつ恣意的に作用し，その結果として後者は弱くかついちじるしく不安定であった．

(2) 純粋荘園制（地代荘園制）

古典荘園制は以上のように労働地代＝賦役労働を地代収取関係の基軸とする段階であり，しかも領主にとっても農民にとっても現物経済が支配的であって，生産物の商品化が本質的に欠如している段階であった．それは領主経済における市場関係の未成熟を示すものにほかならない．

ところが，12, 3世紀に入ると，この制度にしだいに変化が生じてくる．すなわち，「領主直営地」の貸し出しと同時に労働地代の生産物地代あるいは貨幣地代への移行という現象が広くみられるようになる．つまり領主が直接に経営するのをやめて，領主直営地を農民に貸し出し，地代として生産物あるいは貨幣を受け取るという形に変化するのである．この段階における荘園制が「純粋荘園制」あるいは「地代荘園制」と呼ばれるものである．この古典荘園制の解体から純粋荘園制への移行の根本原因は，農民保有地において農民自身のために行われる労働の「生産性の向上」と領主直営地において他人たる領主のために行われる農民の賦役労働の「生産性の低さ」である．これは領主の監督と監視のもとで働く農民が「不承不承の労働者」であったからである．また，古典荘園制の解体を促進した要因には，人口増加による開墾の進展や貨幣経済の拠点としての中世都市の成立などが考えられる．

12世紀以降13世紀の終わり頃まで続いた人口増加は新たな生活の場として開

墾と干拓を促進した．「大開墾時代」が現れたのである．そして，こうした大規模な開墾による新しい開発村における土地貸し付けの有利な諸条件———農民の人身的隷属の廃止，有利な世襲保有権の付与，生産物ないし貨幣による地代の納付———は賦役労働や過重な貢租を負担する農奴にとって大きな魅力であった．荘園領主は農奴たちを引き止めて旧来の耕地を引き受けさせるためにも譲歩を余儀なくされた．すなわち，領主は農民の人身的隷属を廃止し，有利な世襲保有権を与え，地代も生産物地代ないし貨幣地代に転換する方向に進まざるをえなくなったのである．

　中世都市の成立もまた古典荘園制の解体＝農奴身分の解放に寄与した．農奴はある一定期間（通例1年と1日）都市に滞在すれば人身的自由を獲得することができた．「都市の空気は自由にする」とは都市権のもっとも重要な原則であった．農奴は自由になるためには，12世紀以降多数発生した都市のどこか1つに移住・逃亡することで十分であった．領主が逃亡農民の返還を要求する場合には，領主はその農奴が自己の隷属民であることを，「証明書」あるいは「証人」を実際に提示して証明しなければならなかった．しかし，このような証明は，当時としては，事実上不可能であったといわれる．したがって農奴はどこか都市に逃亡すればよかったわけである．都市は農奴にとっていわば「避難所」としてあらわれ，12，3世紀に，こうした逃亡農奴の数は増大した．都市は，はるかに有利な生活の機会を農民に提供したのである．すなわち，都市における商工業の活動は農村におけるよりも，はるかに高い所得を保証したのである．

　かくして，「移住民」と「逃亡農民」とは封建社会における日常現象となった．農奴の土地緊縛は事実上多かれ少なかれ弛緩し，多くの農奴が自分の領主をみすてて，より条件の良い土地に移住し始めた．こうした動きが農奴として身分的諸負担を課されている農民を解放し，荘園領主と農民の「恣意的関係」を「契約ないし慣習的関係」に変化させることになったのである．

　このように，古典荘園制から純粋荘園制への転換は，次のことを意味した．

第1に，領主直営地における領主経営が廃止され，直営地が貸し出されたこと．第2に，領主と農民の人身的支配関係が単なる地主・小作関係という「物件的関係」に変化したこと．したがって純粋荘園制のもとでは，荘園領主の多くは裁判権，人身支配権，軍事支配権のような公的な支配権を喪失し，単なる地代収取権だけをもつ封建領主に転化すること．第3に，生産の主体が農民の手に移り，経営のイニシアティヴを農民が掌握することになったこと．これによって，農民は生産力の上昇によって，自家消費と固定的な地代を差し引いた残余部分を自己のもとに蓄積できるようになる．したがって，農民としては経営の能率をあげ，惜しみなく働けば働くほど生活は豊かになり，経済的地位の向上がもたらされることになる．ここに，農民層のもとに「民富」が形成され，農民のブルジョア化の可能性が生じてくるのである．

第4節 商業の復活

ヨーロッパでは10世紀の中頃まで農業に基礎をおく自給自足経済が支配的であり，商業活動は衰退していた．しかし，封建社会も安定し，生産の余剰と領主層の需要が増してくる10世紀末頃以降になると再び商業活動が，遠隔地貿易として活況を呈してくる．いわゆる「商業の復活」である．商業の復活が最初にみられたのはイタリアを中心とした地中海商業圏と，ネーデルラント，北海，バルト海を中心とした北欧商業圏である．イタリアは，アマルフィ，ピサ，ヴェネツィア，ジェノヴァなどが地中海貿易に乗り出して，東ローマ帝国やイスラム教諸国との交易を続け，その後ますます発展していった．地中海貿易は11世紀末から始まる「十字軍の遠征」とも関係しながら発展していったが，イタリア諸都市の比較的早い成立とルネサンスの開花とは，この地中海貿易をぬきにしては考えられない．他方，北欧商業圏でいちはやく台頭してきたのはネーデルラントの諸都市であった．ネーデルラントは有利な海岸線や航行可能な多くの河川に恵まれており，その上，背後に強力な産業（毛織物工業など）をひかえていたので商業活動に最適の地であった．その後この商業圏の中心となるのは，

12世紀以降台頭してくるドイツ＝ハンザの諸都市であった．12世紀以降のオスト・エルベへの植民活動の展開とともに，バルト海沿岸には多数の都市が形成され北欧商業圏の発展に大いに寄与したのである．この南北の二大商業圏を結びつけたのは，フランス北東部地方を中心とした内陸商業圏であった．パリ東方のシャンパーニュ地方がこの内陸商業圏の中心であり，南北貿易の結節点であった．その「大市」は国際的な「商品取引」と「金融市場」として重要な役割を果たしていた．

(1) 地中海商業圏

イタリアの諸都市を中心とした地中海商業は東方貿易で発展した．イタリア商人は主としてアラビア商人によってインド・西アジア方面からオリエント諸国にもたらされる商品をアレクサンドリア，トリポリ，アンチオキアなどの諸港を足場にして，仕入れ，それをアルプス越えまたは，海岸沿いにフランスのシャンパーニュの大市，あるいはジブラルタル海峡を経由してブリュージュなどの市場に運んで売却するという「中継貿易」を行っていた．

イタリアの都市のうち，もっとも早く重要な商業都市になったのは，アマルフィとピサであった．アマルフィは南イタリアおよびパレルモに商館を設け，その商船は遠くエジプト，シリア，ギリシアに往来し，11世紀にすでに繁栄の絶頂に達した．1010年に，アマルフィは「アマルフィ法典」を編集したが，それが貿易航海法の典型として，地中海諸都市に遵守されたことからもその発展がうかがわれる．

ピサは十字軍遠征時代，大いに活躍し，東方諸国，スペイン，北アフリカとの取引に従事した．ピサはアマルフィを襲撃し，その艦隊を滅ぼした．アマルフィの全盛期は短かったが，その競争者であるピサの繁栄も長く続かなかった．12世紀以降展開されたシリアとパレスチナの覇権争いでジェノヴァに敗れ，1284年のメロリアの海戦の敗北によってピサは滅亡したのである．

その後，ジェノヴァとヴェネツィアが東方貿易の特権と独占をめぐって争った．ジェノヴァは早くから海上貿易で活躍したが，十字軍遠征時代に軍事的輸

図1-3 中世ヨーロッパの主要都市

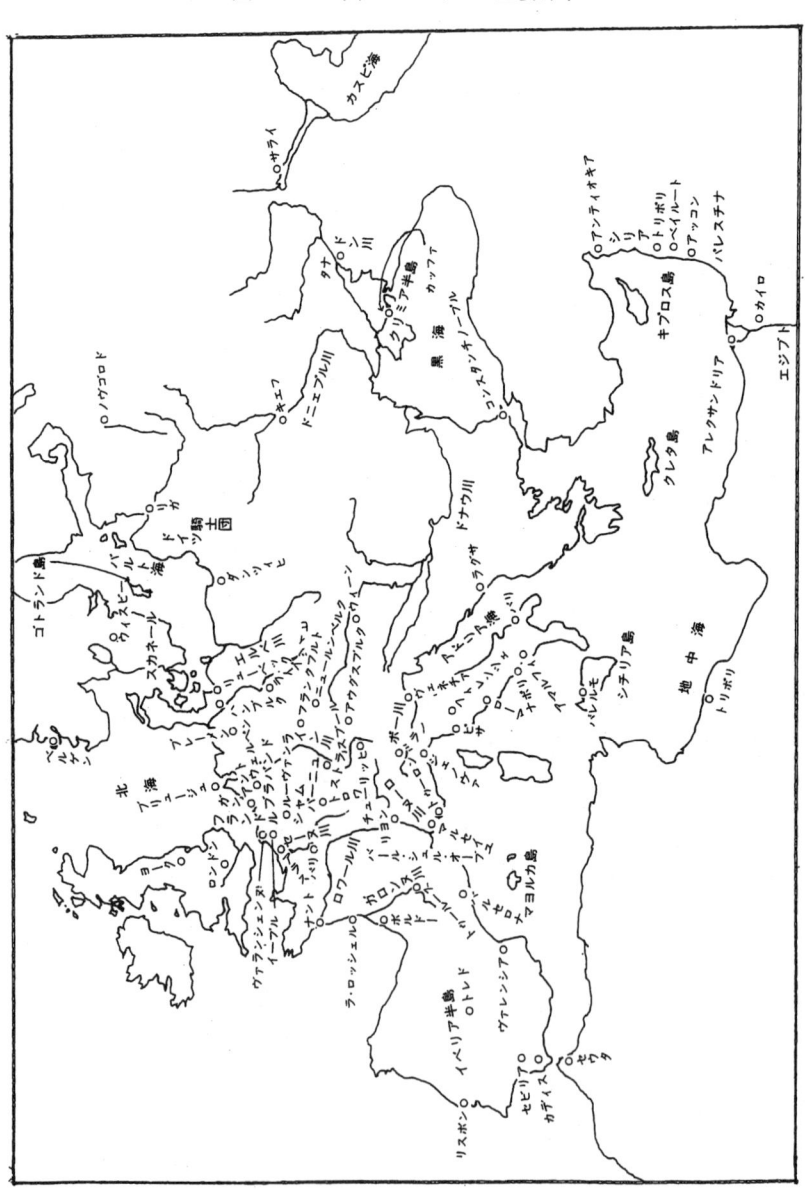

出典）林 達編著『一般経済史』学文社 36ページ

送で繁栄し，東方貿易の一大中心地に発展した．その勢力圏はコンスタンチノープルからクリミヤ半島，シリア，エーゲ海，北アフリカ，南フランス，南スペインに及び，やがてヴェネツィアと衝突することになる．

ヴェネツィアも東方貿易で活躍し，南欧の商業の一大中心地としての地位を獲得し，またヨーロッパ諸国の十字軍遠征に運送船を提供して大きな富を獲得した．ヴェネツィアは広範な商業特権を獲得しただけでなくギリシア諸島を領有し，オリエント諸国との貿易で力を伸ばし，ロシア貿易を独占した．東方貿易をめぐるヴェネツィアとジェノヴァの争いは13世紀中頃以降激しくなったが，1381年ヴェネツィアはジェノヴァの海軍を破って地中海および黒海における覇権を獲得した．その結果，15世紀に入るとヴェネツィアの優位が確立した．ヴェネツィア商人は地中海周辺地域だけでなく，遠くイギリスやフランドルへ進出して積極的な商業を営んだ．ヴェネツィアは東方に向かって開かれたヨーロッパの玄関となり，国際的な商業中心地として「アドリア海の女王」などといわれるほどの繁栄を示したのである．

東方貿易によってヨーロッパにもたらされたものは香辛料（胡椒，生姜，丁子，肉桂），染料（サフラン，明礬），乾燥果実，高級綿織物や絹織物などの奢侈品であった．なかでも「胡椒」は食生活だけでなく，支払手段として「借金の返済」や「土地の購入」に用いられ，また結婚の際の「持参金」としても用いられたきわめて重要な商品であった．これらの商品と引き換えに東方に送られた商品はドイツ産の銀，銅，麻織物，フランドル，イタリア産の毛織物，北欧の木材，宝石（琥珀）などであった．中でも「銀」が重要な輸出品であったが，その生産地である南ドイツがイタリアと不可分に結びつくことになり，ヴェネツィアにはドイツ商人の「商館」が設けられた．アウグスブルクの巨商フッガー家が繁栄したのも，こうした理由によるものであった．

(2) 北欧商業圏

北海，バルト海沿岸を中心とする北欧商業圏ではフリースランド人とノルマン人に続いて，10世紀末頃から北ドイツ諸都市の商人が商業活動を展開し，12

世紀初頭以降の東方植民活動を通じてバルト海沿岸に多くの植民都市（リューベック，ウィスビー，ロシュトック，ダンツィヒ，リガ等）が形成され，そこを拠点として商業圏が拡大された．また，12，3世紀頃から北欧各地に輸出産業が生まれたことも北欧商業の発展に寄与した．すなわち，フランドル諸都市（イープル，ガン，ブリュージュ）の毛織物工業，その原料を提供するイギリスの牧羊業，デュナ川流域の穀物生産，スカネール沖の鰊漁，ベルゲン沖の鰊・鱈漁とその加工業などがそれである．

　古い商業都市のケルンやブリュージュでは12世紀頃，毎年ロンドンを訪れる商人の団体が生まれていた（ロンドン＝ハンザ）．こうした商人団体はロンドン以外の訪問先にも生まれ，それは「外地ハンザ」と呼ばれた．13世紀から14世紀にかけて，外地ハンザが結集してドイツ商人の合同ハンザが形成され，現地の国王や領主から「特権」を獲得するようになった．このように，外地における特権の獲得と維持を共同の目的とする特権団体が「ドイツ＝ハンザ」（「ハンザ同盟」）である．ドイツ＝ハンザの実体はきわめて弾力性にとんだ経済的，政治的連合であったから，加盟都市数は事情に応じて増減した．最盛期に90を越える都市が加盟しており，なかでもリューベック，ハンブルク，ブレーメン，ケルンが4大主要都市であった．これらの諸都市は「同盟」の実行機関として「ハンザ会議」を数年おきに開催した．ドイツ＝ハンザは対外的な貿易活動の強力な推進を，具体的には外国都市におけるドイツ商人の「結束」と「特権の確保」を目的とするものであったからハンザ会議ではこのための方策が多方面にわたって審議された．商品保護の方法，陸路ならびに海路を確保する手段，外地における特権の獲得，貨幣度量衡に関する共通規定の設定，紛争の解決方法などが審議され，これらの「約束」を履行しない者は威嚇され警告をうけた．しかし，ハンザ都市の結合は決して強固なものではなく，同盟に対する加入脱退が絶えず行われ，戦争の場合においてさえ，ハンザ都市の一致協力がなされたわけではなかった．それにもかかわらず，ドイツ＝ハンザが外国の競争者を押しのけて，デンマーク，プロイセン，ロシア，スカンディナヴィアなど

の外国貿易を独占することができたのは獲得した種々の「特権」によるものであった．

ハンザ商人の活動範囲は，東はロシアから西はフランドル，イギリスまで，北はノルウェーから南はフランス，イベリア半島まで広がった．ハンザ商人は主に，北東ヨーロッパの毛皮，琥珀，穀物，魚類（鰊や鱈），鉱産物（鉄，銅）と南西ヨーロッパの塩，ぶどう酒，オリーブ油，毛織物との交換を中継していた．これらの商品のうち，とくに重要な交易品は「鰊」と「穀物」であった．鰊は北方から南の内陸地方に送られ，穀物は東欧からヨーロッパ各地に送られたのである．

(3) 内陸商業圏

地中海商業圏と北欧商業圏がそれぞれの販路を拡大していくにつれて，この2つの商業を結びつける結節点として「内陸商業圏」が発展してくる．南北商業圏の国際的な中継場となったのは，フランスのシャンパーニュ地方の「大市」であった．ヨーロッパの中に位置し，交通の要衝という恵まれた位置に加えて，シャンパーニュ伯領が独立の政治的中立地帯であったことが，この地を国際交易の仲介地にした．ラニー・シュル・マルヌ（1月），バール・シュル・オーブ（3月），プロヴァン（5月と9月），トロア（6月と10月）で，年1回，それぞれ約6週間にわたって「大市」が開かれた．毎年4ヵ所で6回，ほとんど一年中，大市が開かれていたことになる．当然ヨーロッパの各地から商人がここに集った．商人は，自国の商品を携えてここにやって来たが，フランドルやブラバントの毛織物，北欧の毛皮類などがもっとも重要な交易品であり，これらの商品が東方の物産と取引されたのである．

シャンパーニュの大市に，各国の商人を引きつけたのは，その商品取引ばかりではなかった．大市における決済は，非常に多数かつ重要であったから，まもなくシャンパーニュの大市は「ヨーロッパの金融市場の中心」に成長していった．また12世紀以降，ヨーロッパの大部分において，封建領主の金銭債務の支払いはシャンパーニュの大市の開催期間中に行われるようになった．こうして，

シャンパーニュは国際的な商品交換と債務支払の中心地として繁栄していったのである.

第5節 中世都市の成立

10世紀末から11世紀初頭にかけてのいわゆる「商業の復活」はヨーロッパに南北の商業を成立させた．イタリアの地中海商業圏と北海・バルト海沿岸の北欧商業圏である．商業の復活にともなって最初にたくましい姿を現わしたのは「遍歴商人」であった．彼らは隊商を組んで，長い時には数ヵ月，相当遠距離を水路あるいは陸路を利用して，修道院，国王の宮廷，貴族の城砦あるいは各地の「大市」などをねらって遍歴していた．彼らが携帯し売りさばいていた商品は装飾品や毛皮のような高価な品物と，羊毛，毛織物，ぶどう酒，香料，貴金属製品のような需要の多い商品であった．しかしながら，遍歴商人の商いには当時きわめて大きな危険がともなっていた．道路は劣悪で，交通機関は未発達で，行商の途中における略奪行為は日常茶飯事であった．そこで商人は，やがて，修道院，宮廷，城砦などのある集落や交通の便利な川岸の取引所などに，最初は一定期間，後には永続的に定着するようになった．旧来の都市集落の外部に新しい商人の定住地区（Portus, Wik, Burgus）が形成され，そこを拠点にして「中世都市」が形成されてくるのである．

ライン川とセーヌ川にはさまれたネーデルラント地方にその端を発したこの新しい商人集落の波は，ロワール河畔，ライン川沿岸地帯，イングランド東南部地方に波及した．ともあれ，こうした新しい集落での市場取引は，最初，地代や租税の取得者としての領主や地主，それに商業利潤の取得者としての商人らの購買力によって支えられていたが，その恒常的な成立は，商業の発展を促進し，遠隔地商人によって運ばれてくる商品取引所としての「大市」ばかりでなく，農産物や農村の手工業製品が交換される「週市」も発達していった．市場の発達はやがて周辺の農村に居住する手工業者を都市に引きつけた．経済的，地理的に有利な条件に恵まれた所では商人や手工業者がますます来住し，「商

人定住地区」の人びとは絶えず増大していった．このように商業と手工業が都市に集中するにつれて，都市と周辺の農村との間に分業と交換の関係が生まれ，「都市経済」の骨組みが形成されてくる．都市経済は閉鎖的で，自給自足的な古典荘園経済を掘り崩し，商品貨幣経済を農村に導入し，純粋荘園の成立の契機を与えたのである．これが中世都市のもつ初期の「進歩的側面」であり，農村を商品貨幣経済に巻き込んでいく「くさび」を打ち込んだのである．

商人定住地区が商工業活動の中心として繁栄してくると，しばしば外敵の侵略を受けることになる．そこで「商人定住地区」の住民たちは，外敵の侵略や封建領主の干渉に対抗するために自己防衛の手段として，商人定住地区の周囲に「市壁」を築くことになる．こうして，商人定住地区が市壁をもって囲い込まれたということは，中世都市成立のメルクマールとして，重要なものであった．

もっとも，ヨーロッパのすべての中世都市が必ずしも「商人定住地区」から生まれたということはできない．ドイツの東方植民地域では封建領主の軍事的，財政的意図からまったく新しい都市が建設される場合があった．リューベック，ブラウンシュヴァイヒ，ミュンヘンなどは，建設都市の好例である．また，中世の後期には商工業都市の発達に牽引されて，農村市場から「農村都市」へという経路をたどって生まれた一群の「小都市」もあった．いずれにしても，中世後半の西ヨーロッパにおいては，都市経済の網の目はますます稠密に張りめぐらされていくことになるのである．

第6節　中世都市の特徴

都市という定住形態は，抽象的にいえば，商工業活動の拠点であり，外部から不断に食糧補給を必要とする共同体であるが，中世都市は次のような基本的特徴をもっていた．第1に，中世都市は商人および手工業者の共同体であって，周辺の一定範囲の農村に対して禁制圏を設定して，商工業活動の独占を確立し，農業と商工業の分離という形で，それ自体封鎖的な再生産圏＝都市経済圏を形成したこと．第2に，中世都市はその内部に「ギルド」という同職者たちの小

共同体を形づくったこと．第3に，中世都市の中で開花した市民意識あるいは自治意識は「自治都市」という性格を中世都市に与え，独自の市民社会ないし市民文化を生み出す母胎となったこと．すなわち，「近代市民国家」の雛形が中世都市の中に成立したのである．

以上のような特徴のうちとくに注目すべきは，第3の特徴である．中世都市が「自治都市」として形成されてくるのは，まさに特殊西洋的なことであって，東洋社会にはその痕跡しか認められなかったからである．

(1) **都市の自治**

遍歴商人や手工業者が定住した当初の商人集落（商人定住地区）は近隣の農村と同様にその地域を支配する「領主の支配」を受けていた．都市は領主の所領であり，都市の住民は領主の支配下にあった．このような都市の最初の段階

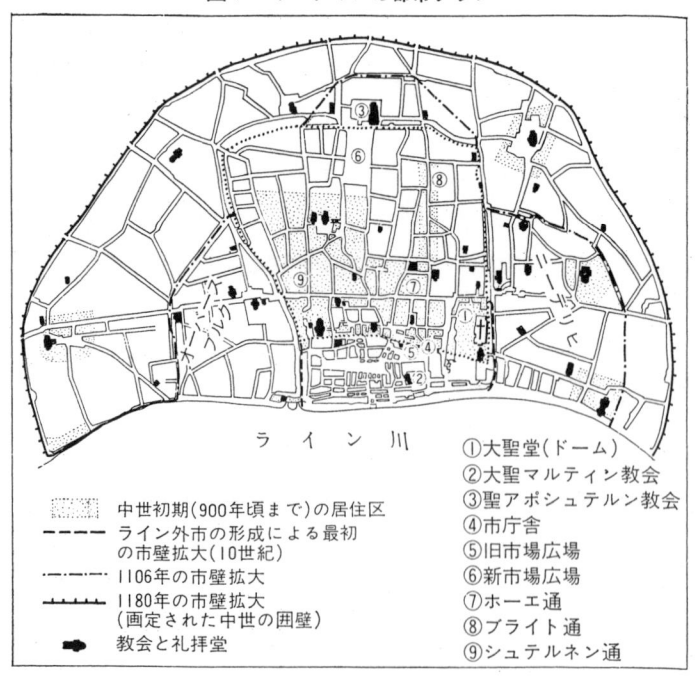

図1-4 ケルンの都市プラン

凡例：
- 中世初期(900年頃まで)の居住区
- ライン外市の形成による最初の市壁拡大(10世紀)
- 1106年の市壁拡大
- 1180年の市壁拡大（画定された中世の囲壁）
- 教会と礼拝堂

①大聖堂(ドーム)
②大聖マルティン教会
③聖アポシュテルン教会
④市庁舎
⑤旧市場広場
⑥新市場広場
⑦ホーエ通
⑧ブライト通
⑨シュテルネン通

出典　井上泰男『都市の語る世界の歴史』そしえて　1978年　117ページ

は「都市領主の時代」(10～11世紀) と呼ばれている．ところが，商人集落が発展し商人の経済力が増してくると，彼らの間に次第に「都市領主」の支配に対して抵抗する気運が生まれてくる．11世紀後半から12世紀にかけて，領主の支配・暴政に抵抗し，自治権獲得の闘争，いわゆる「コミューン運動」がくり広げられた．そして，このコミューン運動の嵐の中で，都市の住民は1つの共同体，いわゆる「宣誓共同体」に結集して闘い，結局，都市領主はこのコミューンを承認し，都市は自治権を獲得する．こうして，自治都市の時代が始まるのであるが，この都市の段階は「都市共同体の時代」(12世紀以降) とも呼ばれている．

ところで，自治都市の成立という観点からみると，ヨーロッパの中世都市は，「北欧型」と「南欧型」の2つに分類できる．イタリアに多い南欧型の都市では，封建領主である貴族の一部が市民として都市内に住み，都市貴族層の一翼を形づくって商人化したので，農村地域まで都市の支配領域に入り，古代都市に似た都市国家が形成され，生産者の権利や法的地位は劣悪な状態におかれる場合が多かった．これに対して，コミューン運動の激しかったフランドル，北フランス，北ドイツなどに多い北欧型の都市では，領主は商人の力に押されて農村に移住したので，都市と農村の対立が明瞭であり，またもっとも純粋かつ典型的な形で「自治的市民意識」が開花し，本来の「自治的」中世都市を形成していったのである．

自治都市の時代に入ると，都市行政のあり方も変わる．すなわち，それまでの都市領主の支配に代わって，市民の間から選ばれた「市長」と「市参事会員」が市政を担当することになる．しかし，市政の重要なポストは，当初，コミューン運動以来，都市の指導的勢力となった有力な商人層，すなわち，都市貴族 (門閥) が占めていた．都市貴族は富裕な商人や都市の地主からなっていたが，彼らは取引関係や婚姻関係を通じて，次第に門閥をつくっていく．そして，一族で都市の要職を占めるとともに，遠隔地貿易や前貸問屋制を営んで「都市市場」を支配していた．このような都市は「門閥都市」と呼ばれる．

ところが，14,5世紀に入ると，都市内では手工業者が増加し，富裕な者も出現し，手工業者の力が増大して，彼らの市政参加の要求が強く現れてくる．これまで市政から排除されていた手工業者が都市貴族による市政の独占に抵抗して同職ギルド（手工業ギルド）に結集し，「市政参加」，つまり市政の民主化を要求していく．この運動はギルド闘争（ツンフト闘争）と呼ばれている．ツンフト闘争での勝利の結果，手工業ギルドの市政への参加が実現し，民主化された都市は「平民都市」と呼ばれるのである．

(2) 都市の規模

中世都市の人口はどの程度のものであったのであろうか．ドイツの経済史家，R・ケチュケの著書『中世一般経済史』によると，14,5世紀のヨーロッパの都市人口は次の6つに分類されるという．

① 世界都市（人口10万人以上）

　　コンスタンチノープル，ヴェネツィア，パレルモ，パリ

② 大都市（人口5〜10万人）

　　フィレンツェ，ミラノ，ジェノヴァ，ケルン，ロンドン，バルセロナ

③ 中都市（人口2〜5万人）

　　ボローニア，ルーアン，ブリュッセル，ニュールンベルク，リューベック

④ 中小都市（人口6千〜2万人）

　　イープル，ガン，アントウェルペン，ランス，ヨーク，ブリストル，プリマス，チューリッヒ，バーゼル，フランクフルト・アム・マイン

⑤ 小都市（人口2〜6千人）

⑥ 微小都市（人口2千人未満）

以上の分類から明らかなように，中世における大都市は，政治的都市をのぞけば，圧倒的に南欧に多かった．これは周辺の農村を包み込む形で成立してくる，いわゆる「南欧型」都市によるものと考えられる．中世の都市経済にもっとも適した規模の都市は人口が6千人から3万人程度の「中都市」ないし「中小都市」であった．当時の限られた「有効需要」のもとでは，これ以上都市は

大きくなることは不可能であったからである．むしろ，中世都市の大多数（8割以上）は「小都市」，「微小都市」に属するものであり，その多くは農村都市であった．

(3) 商人ギルド

商工業活動の中心としての中世都市が発達するにつれて，「ギルド」と呼ばれる同職者たちの共同体が都市内に形づくられた．最初に成立してくるのは10世紀末ないし11世紀初頭の「商人ギルド」であった．それならば，商人ギルド結成の目的ないし動機は何であったろうか．ギルドに関する最古の特許状であるヴァランシェンヌ市のそれは，ギルド構成員の「相互援助義務」をもっとも強調しており，これが商人ギルド結成の主要動機であったことを明示している．すなわち，ギルド構成員が，危急の場合，零落した場合，裁判にかけられ場合などにおいて，相互に援助し合うことを目的として1つの共同組織に結集したのである．また当時の遠隔地貿易にともなう危険を回避するためにも商人間の相互援助と団結が必要であった．

このように商人ギルドは，都市内における日常生活ならびに商業活動に際しての構成員相互の協力・援助を重要な動機として形成されたものであったが，早くも，12世紀にはその質に根本的な変化が生まれた．すなわち，純粋な「保護ギルド」から「独占ギルド」へ変化していったのである．商業はギルド商人の特権であり，商業を営むあらゆる商人に対してギルドに加入することを強制するようになったのである．この段階の商人ギルドの目的は明らかに「商業の独占」であった．こうした機能と特色をもつ商人ギルドは，当時市場の未発達（＝封建領主層の購買力に頼る限られた有効需要）という一種の安定した社会を前提として，はじめて健全であり，そしてまたその中核としての中世都市の発達を促したのではあるが，社会の経済的条件が変化するとそれについていけず，商人ギルドはますます硬直化し，「排他性」と「独占性」を強化していくことになるのである．

(4) 同職ギルド

　中世の初期の段階では，手工業は農村の荘園内部で自給自足の日常生活必需品を生産する経済活動として行われていた．ところが12, 13世紀，中世の遠隔地貿易が発展し，商人定住地区から中世都市が形成されて，「都市経済」が繁栄してくると，都市は周辺の農村から手工業者を吸引するようになる．都市は商人と手工業者の共同体として成立してくる．しかし都市の政治的実権は，その成立事情からして，最初商人が握っていた．ところが，時の経過とともに，都市内にはその職種の多様性から手工業者の数が増大していったが，彼らには都市の「政治」に参加する権利は認められていなかった．そこで，彼ら手工業者は団結して「手工業ギルド」を結成し，商人と対決することになる．こうして両者は14世紀に「ツンフト闘争」と呼ばれる激しい闘争を展開する．この闘争は，当時ヨーロッパのほとんどの地域に多種多様な形をとって現れたのであるが，このツンフト闘争に勝利して商人の市政独占を打破した都市の手工業ギルドは，都市の最高議決機関たる「市長」および「市参事会員」の選出団体となることができたのである．

　手工業ギルドの目的は，構成員の相互援助，共同祝祭などの規定によって，その共同体的特殊利益の維持と増進をめざすものであったが，その経済的規定からすれば，対外的には「営業の独占」，対内的には構成員間の「機会均等」を図ることにあった．すなわち，ギルドへの加入強制，禁制領域の設定などが排他的な「営業の独占」であり，原料入手の共同行動，生産用具の種類と数量の制限，徒弟と職人の数の制限などがギルド構成員間の「機会均等」であった．

　手工業ギルドの構成員たる資格を手に入れることができたのは，独立の手工業を家内工業的に営む「親方」である．親方は都市内に「仕事場」をもち，単独で作業をすることもあったが，多くは，補助労働者として少数の「職人」および「徒弟」を使って注文生産に携わっていた．親方は広範囲の仕事に熟達し，自分の仕事にすべてを打ち込む職人気質をもっていた．親方の生活を支えていたのは，仕事場や道具のほか，秘伝化された技術と先代から受け継いだ取引関

係であった.

　徒弟は親方の家に住み込み,親方の家長権に服し,一定期間(通例イギリスでは7年)忠実に工業技術を習得する.そして当初は,この年季を終えた時,独立の手工業者(＝親方)となることを許されたのであったが,後に手工業者の数が過多となると,徒弟と親方の間に「職人」という段階を挿入して,親方が過多になるのを防止した.これが,親方──職人──徒弟,という身分制的職人制度である.徒弟の年季を終わった後,職人はなお親方のもとで職人として働くか,または技術習得と資金獲得のために各地を遍歴して修業をかさね,「親方作品」を提供し,多額の加入金を払った後,初めて一人前の手工業者(＝親方)として認められる道を選ぶか,のいずれかを歩むしかなかった.

　このように,親方になることの困難さが増してくるとともに,親方の地位の世襲化が確立し,ギルドは閉鎖化の傾向を強めていった.こうして,ギルド制に盛り込まれえない生産諸力がギルドの禁制領域の外側で,もぐり職人や半農半工の農村の手工業者を担い手として広範に農村工業として展開していく.こうした状況の中で,中世都市の一部の商人も農村に進出し,原料の前貸しなどにより農村の手工業者を支配する前貸問屋制を発展させていった.そして,こうした商人が生産に深く関わることによって「工場主」となっていくのである.

(5) 都市政策

　中世の都市経済の特徴は「閉鎖的側面」と「開放的側面」が各都市の自立性の中に矛盾なく統一されている点にあった.都市は農村を食糧や原料の供給源としながら,この農村の一部をも含めて自給自足,閉鎖的な経済圏(都市経済圏)を作りあげていく.それと同時に,この閉鎖的な都市経済圏は生産力の発展にともなう地域的特産物の生産と流通とをその中に含むようになり,都市はやがて,開放的になっていく.中世の遠隔地貿易の発達は,主として,こうした事情によるものであった.

　都市のもつ閉鎖的側面をおし進めたのが,都市の経済政策すなわち「都市政策」であった.都市政策は「対内平等の原理」(市民の間における生産・消費・

交換に関する機会均等）と「対外独占の原理」（市民の生業を保証するための排他的独占の確保）を二本の柱としていた．前者の具体的な政策としては，次のようなものがあった．

① 食糧と原料の安定的供給確保，② 先買・買占・又売りの禁止，③ 商品の品質維持と公正価格の厳守，④ 生産用具の種類・数量の制限，⑤ 親方が雇いうる職人・徒弟数の制限，⑥ 労働時間の制限と夜業の禁止，⑦ 公定賃金の厳守等々．

後者の政策は，いわゆる「禁制圏」の設定に典型的にあらわれている．禁制圏とは，都市および都市周辺の農村で，工業生産および商業取引を禁止された地域のことであり，市民の営業の独占を確保するためのものであった．さらに，この独占の効果を確実にするために，次の政策がとられた．① 互市強制（販売強制と積換強制），② 宿舎強制，③ 仲介人強制，④ 通路強制，⑤ 市場税，通行税，商品関税などの賦課等々．

このように中世都市は，市民にとっては有益なものであったが，経済の自由な発展を抑制するものであった．中世都市のもっていた初期の「進歩性」は失われ，時の経過とともに中世都市はますます，その「排他性」と「独占性」を強め，資本主義的経済の発展にとって「桎梏」となっていくのである．

第7節　近代 ── 地理上の発見と商業革命

15世紀半ばから16世紀にかけて地理上の発見がなされた．これは近代社会への出発点であり，これ以後，ヨーロッパの主要国が世界に進出し，ヨーロッパを中心とする「世界経済」が形成された．地理上の「発見」に導いた主要な動機はイタリアの東方貿易の経路がイスラム教徒によって支配され，ヨーロッパに従来のような価格で「胡椒」が入って来なくなったからである．肉食を中心としたヨーロッパ人にとって胡椒は欠かせぬものであった．そこで，時間と費用のかかる輸入経路を見直し，短期間・低費用でかつ大量の「胡椒」を求めて新航路の発見に乗り出したのである．15世紀末，コロンブスがスペイン女王イ

サベルの援助のもとに,アメリカに到達した(1492年).続いてポルトガル人のバスコ・ダ・ガマは喜望峰まわりのインド航路を開拓した(1498年).このような航海の結果,すでに知られていた土地への新航路が発見され,まだ知られていなかった土地＝新大陸が発見された.アジアとアメリカ(新大陸)というヨーロッパにとっては新しい2つの貿易圏が形成された.そして,アジアとアメリカはこれ以後ヨーロッパ社会と結びつき,非ヨーロッパ世界に対する「ヨーロッパの拡張」が開始されたのである.また,地理上の発見はヨーロッパの貿易圏を拡大しただけでなく,当時成立期にあった絶対王政の「領土と富」の要求と合致した.とくに,地理上の発見に先駆的役割を果たしたポルトガルおよびスペインは東洋と新大陸に商業活動のための植民地を建設し,中継貿易を行い多大の金,銀を入手した.これらの貿易によって,ヨーロッパの工業製品,とくに毛織物の輸出市場が確保され,ヨーロッパ内部の経済に大きな影響を与えた.工業製品に対する国際的需要の増大とそれにともなう資本主義的経済発展への刺激である.こうして従来の地中海を中心とする経済活動は,ポルトガル・スペインの行う世界的広がりをもつ経済活動へと拡大していった.こうした経済活動は,やがて,オランダ,イギリス,フランスへと拡大され,ヨーロッパ全体が「世界経済」の中に巻き込まれていく.これが,いわゆる「商業革命」といわれるものである.また,南米のポトシ銀山で産出された「銀」が大量にヨーロッパに流入し,ヨーロッパ諸国にインフレーションを引き起こした.これが「価格革命」といわれる価格体系の大変動である.

第8節 東方貿易とアメリカ貿易の展開

地理上の発見以前はイタリア商人が東方貿易を独占していたが,ポルトガルがその支配に終止符をうった.1505年にインド総督をおき,中国にも貿易を拡大する.アラビア商人から地中海を経由する交易路ではなく,胡椒をはじめとして各種の香料,染料,絹織物などがリスボンに直接,陸揚げされ,そこからアントウェルペン市場に運ばれた.こうしてポルトガル商人が東方貿易の新た

な担い手として登場し，ヨーロッパにおける東方貿易の中心はヴェネツィアからリスボンへ移ることになった．これにともなって南ドイツ商人は「銀」の供給を通じてポルトガルと結びつくことになった．

東方貿易に遅れをとったスペインは新大陸（アメリカ）に力を入れた．西インド諸島，メキシコ，ペルー等を植民地とし，砂糖，煙草，染料，銀等を輸入した．とくに，「銀」の輸入は16世紀末に，世界総生産の90％近くに達したといわれる．こうして世界の銀を掌握したスペインは次第にポルトガルを圧倒し，東方貿易において経済的に優位な地位に立つことになる．16世紀のヨーロッパは「スペイン優位」の時代であった．スペインの輸出品は穀物，ぶどう酒，オリーブ油，毛織物，麻織物などであったが，とくに重要であったのは「毛織物」であった．スペインは毛織物を輸出して新大陸の銀を輸入していたからである．しかし，スペインの毛織物は銀の大量輸入による物価騰貴のため，コスト高となり，逆に，オランダ，イギリスの毛織物におされた．こうして，16世紀末にはスペインは経済的困難に陥り，経済の中心舞台はオランダ，イギリスに移ることになる．

オランダは早くから毛織物工業と海上貿易で栄えていたが，とくにスペインからの「独立宣言」以降，その勢力を増し，1602年に東インド会社を設立し，ポルトガルに代わって，東方貿易を独占し，17世紀半ばまで，スペインに代わって世界貿易の覇権を握った．首都アムステルダムは世界貿易・金融の中心として栄えた．しかし，オランダは国家としての団結の弱さ，毛織物工業の近代化の遅れ，中継貿易が中心の経済構造などのゆえに，17世紀半「英蘭戦争」の敗北を機に，イギリスとの競争に敗れ，衰退していくことになる．

オランダ衰退のあと，海外貿易の中心はイギリスとフランスに移っていく．フランスはコルベールの重商主義政策のもとに外国貿易に積極的に乗り出していった．スペインのカディスに商業拠点をもうけ，さらに進んで，新大陸でも海軍の援護のもとに，「密貿易」を行った．また1664年東インド会社や西インド会社を設立し，これによって一大植民帝国を築きあげようとした．東インド

会社はポンディシェリー，シャンデルナゴールを拠点にインド貿易でイギリスを脅かした．また，西インド諸島では「コーヒー」，「砂糖」，「綿花」等の取引でイギリスと対抗した．しかし，フランスは，結局，その「経済的発展の遅れ」によって，「貿易支配権」をイギリスに奪われ，新大陸貿易を含む海外貿易はイギリスが支配することになった．

イギリスの海外進出は16世紀中頃，エリザベス1世の時代になって活発になった．17世紀に入り，北アメリカ東部一帯にイギリス植民地を建設した．このアメリカ植民地はイギリスの毛織物の輸出市場としての役割をはたした．17世紀中頃以降，イギリスはアメリカ植民地のみならず東インド貿易にも力を入れ，その貿易量を急増させていった．輸出品も織物だけでなく，麻織物，綿織物，金属製品と多様化していった．これはイギリスの製造業が多方面にわたって発展しつつあったことを示している．新大陸，東洋からの輸入品は砂糖，綿花，胡椒，香料などであった．こうした重商主義的貿易体制により蓄積された資本は，その後のイギリスの資本主義的発展にとって重要な1つの要因となった．

第9節　近代化への始動

イギリスでは14世紀後半から封建的支配体制は次第に弱体化し，都市経済の影響をうけながら，貨幣地代が普及して一般化し，封建地代水準の実質的低下と農民の経済的地位の向上が進展した．農民の土地保有権は次第に強化され，領主の土地所有権は「地代の徴収」に限定されるようになっていった．封建的領主支配の根幹をなした領主裁判権も，次第に上級の領主（国王，領邦君主）へ集中され，領主・農民関係は土地を媒介とする単なる物的・契約的な関係に転化していった．また当時の持続的物価騰貴と固定化された地代の結果，農民の負担する地代はきわめて軽微なものとなっていった．こうして16世紀には，領主への封建地代の負担から解放された独立自営農民と理解されるヨーマン層（yeomanry）が広範に形成されることになった．軽微な封建地代は農民のもとに「富」を蓄積することを可能にし，農民の経済力を強化していった．限られ

た「有効需要」の少なさゆえに,その「独占性」と「排他性」を強め,次第に衰退していった中世都市に代わって,農村工業の勃興とそれに基づく新たな流通機構が「農村市場」として形成される.そして,その後の農村工業の発展はイギリスの外国貿易の構造変化をもたらした.すなわち,農村毛織物工業の発展は,国内における羊毛需要の増大(牧羊業のための囲い込みの進展)をもたらし,イギリスを「羊毛輸出国」から「毛織物輸出国」へと転換させたのである.

1381年の農民一揆(ワット・タイラーの乱)は,近代イギリスの起点となった事件とされる.この一揆に代表される農民一揆がその後頻発するが,それは,こうした事件の背後にイギリス農村の社会関係の変化が内在していたことを示すものであった.すなわち,それは封建領主や中世都市の支配体制を根底から掘り崩す新しい商品生産=流通圏の形成であり,封建的=ギルド的規制のない農村に展開された「農村工業」という形で現れたのである.

こうした農村工業の担い手は農村の半農半工の手工業者と都市からやって来た親方になれない職人層であったが,彼らは封建的=ギルド的規制のない農村で,自由に手工業を営むことができた.そして,これら農村の手工業者と農民との間で商品交換が行われ,旧来の遠隔地商業の流通機構とは異なる市場圏が「農村市場」として形成されてくる.このことは当時のイギリス農村において職業の社会的分化がかなり進んでいたことを示すものである.すなわち,14,15世紀のイギリス農村はすでに純然たる「農民社会」ではなく,多種多様の手工業者が存在するようになっていた.縮絨工,織布工,仕立工,鍛冶屋,大工,靴屋,パン屋,粉屋,瓦屋,石屋などがそれである.その他,とくに目立つのは,「日雇い」の存在であり,農村人口の2~3割を占めるようになっていた.

このように,14,15世紀のイギリスの農村では,封建的規制の弛緩に対応して職業の社会的分業が進み,土地所有から相対的に自立しつつある手工業者や農民が増大していった.彼らは自己の生産物を商品として農村市場で自由に売買する小商品生産者であった.こうした「農村市場」の形成こそが,旧来の流通機構を次第に掘り崩しつつ,農村内部に新しい市場構造を創出していったの

である．それは，手工業者や農民の経済的上昇をもたらし，封建的＝ギルド的束縛から解放されつつあった独立手工業者や独立自営農民を形成していったのである．

しかし，彼らは当時の農村内部の商品経済の進展につれて，階層分化する運命にあった．独立手工業者は，前貸問屋制のもとで一部の商人親方と大部分の原料前借職人に分化する．また，独立自営農民も，一部の富農層は土地市場を通じて耕地を集積し，雇用労働者を使って農業経営を拡大する．他方，土地を失った大部分の貧農層は富農層に雇われる農業労働者に転化していく．そうした状況の中で，「開放耕地制」を掘り崩しながら，「囲い込み」運動も徐々に進行していき，農業経営の合理化がなされていくことになる．こうして，富農層のもとに「利潤」が蓄積され，小規模ながら，資本家的借地農業経営者が出現してくるのである．このように，イギリスの場合には，農民層分解が近代的両極分解，つまり，農業における資本・賃労働関係の形成という方向に向かって進行し，17世紀に入ると，その傾向が一層顕著となっていった．また，領主層もこうした事情に対応して，囲い込んだ土地などを資本家的借地農業経営者に貸し出していくようになり，次第に「近代的地主」に転化していく．そして，「地主」，「借地農業経営者」，「農業労働者」という三分制農業が成立し，後にイギリスの近代的農業制度として発展していくのである．

☞ 学習の課題

1. ギルド（商人ギルド，手工業ギルド）は時代の経過とともに，なぜ「保守的」「排他的」性格を強めていったのかを検討してみよう．
2. イギリスの農民層分解と資本主義経済への発展の関係について検討してみよう．
3. 中世ヨーロッパに成立した「自治都市」は，なぜアジアには成立しなかったのか，その理由を検討してみよう．

📖 参考文献

・比較都市史研究会『都市と共同体』上，下　名著出版　1991年

- G.デュビー他（森本芳樹編訳）『西欧中世における都市と農村』九州大学出版会　1987年
- 高村象平『中世都市の諸相』筑摩書房　1980年
- M.ブロック（新村猛・森岡敬一郎・大高順雄・神沢栄三共訳）『封建社会』Ⅰ，Ⅱ　みすず書房　1973，77年
- 井上泰男『西欧社会と市民の起源』近藤出版社　1976年
- J.クーリッシャー（増田四郎監修，伊藤栄・諸田實共訳）『ヨーロッパ中世経済史』東洋経済新報社　1974年
- 伊藤栄『ヨーロッパの荘園制』近藤出版社　1972年
- 伊藤栄『西洋商業史』東洋経済新報社　1971年
- H.ピレンヌ（佐々木克巳訳）『中世都市』創文社　1970年
- 大塚久雄『共同体の基礎理論』岩波書店　1955年

第2章　工業化前夜の経済変化：16〜18世紀

第1節　近代イギリスの政治と経済

(1)　16〜18世紀の王朝と人口

　イギリスは15世紀後半に，中世的な分権時代に終わりを告げ，19世紀までに国民国家を作り上げた．テューダー朝（1485〜1603年）の創始者，ヘンリー7世（1485〜1509年）は国王を中心とする国家体制を確立した．この体制は「絶対王政」と呼ばれている．続くヘンリー8世（1509〜47年）はイギリス国教会を創出し，エリザベス1世（1558〜1603年）の下で世界進出が試みられた．イギリスは1642年からの市民革命で共和政の時代（1649〜60年）の政治的激変を被った．ステュアート朝（1603〜49年，1660〜1714年）の時代に，同君連合にあったスコットランドとイングランドは合同して，1707年にグレート・ブリテン連合王国が誕生した．

　イングランドの人口は16世紀半ばに300万人弱であったが，1601年に約410万人，1641年に約510万人となった．革命の時代まで徐々に増加していた人口は，革命後，停滞する．その後，18世紀半ばから急増して，産業革命を迎える．市民革命後，産業革命にいたるまでの人口停滞の時期に，静かな革新が続いた．1688年の名誉革命後，70年間続いたといわれる財政革命はその1つである．

　18世紀半ば以降の人口増大は死亡率の減少ではなく，出生率の上昇によるものである．18世紀の間に生涯結婚しない人びとの割合は15％から7％に低下したし，また，女性の初婚年齢は26.5歳から23.5歳に，男性も27.8歳から25.3歳に低下した．

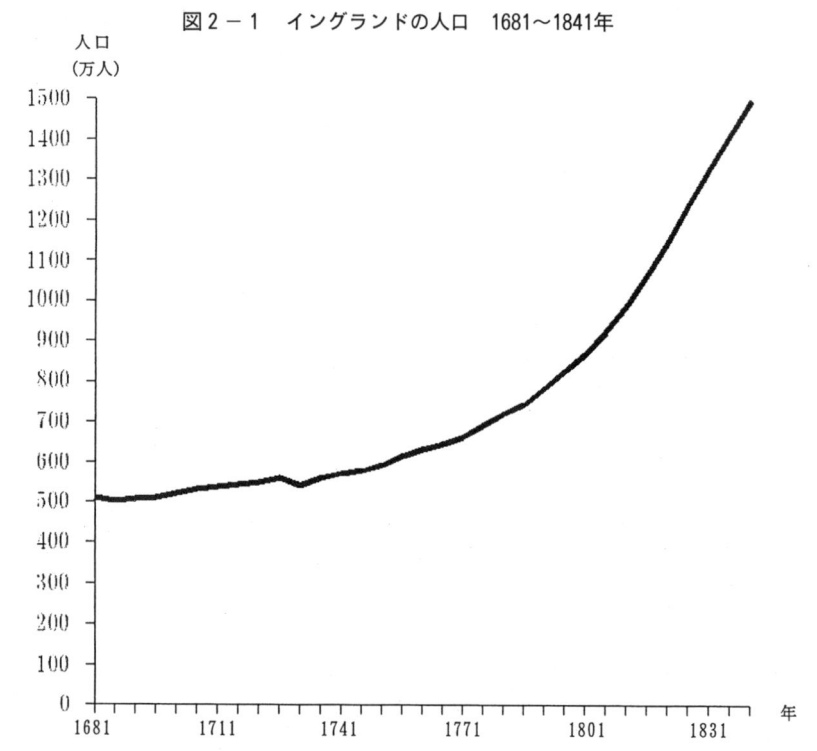

図2-1　イングランドの人口　1681～1841年

出典）E.A.Wrigley, 'British population during the 'long' eighteenth century, 1680-1840', in R.Floud and P.Johnson（eds.）,"The Cambridge Economic History of Modern Britain", vol.1, (2004), p.64, table 3.1, より作成.

(2) テューダー朝の改革

　ヘンリー7世は封建家臣団を解体した．バラ戦争（1455～85年）の時代まで，イギリスの軍隊は貴族とその従者で構成されていた．従者は封建家臣団となって，金銭的支払いを受ける代わりに，貴族に軍事奉仕していた．ヘンリー7世は1504年の揃い服禁止法で，国王の許可を得ないで家臣団を保持するのを禁止した．軍事力の保持者は国王だけになった．国王の常備軍は数百人規模の近衛兵が中心となっていた．軍事力の強化には財政の改革も必要とされた．のちに，17世紀末以降，国家財政が議会の監視下におかれるようになった．

　イギリス式の宗教改革であるヘンリー8世の首長法（1534年）はローマ教会

からの決別・独立を意味した．ローマ教会に忠誠を誓う修道院などからローマ法皇に送られていた税金をヘンリーは自分のものとした．

1536～40年に行われた修道院解散法の成立と，1540年代の修道院領の売却は，国家的税収確立のもっとも象徴的な出来事であった．1530年にイングランドには800をこえる修道院があり，その年収は国王の経常収入に匹敵する17万ポンドにのぼったと試算されている．イングランドの土地の5分の1強を占めた修道院領が売りに出された．修道院所領を購入したのは貴族より下の身分の者であった．彼らは良民（gentle）の生まれであると想定され，ジェントルマン（gentleman）と呼ばれた．

修道院所領を手に入れた人たちはジェントルマンにふさわしい社会的地位を得て，治安判事に選ばれた．16世紀半ば以降，王国行政の末端単位として位置づけられた教区は，治安判事によって運営された．イギリスはジェントルマンの国になった．

(3) ステュアート朝の変化

イギリスでは王政復古から産業革命までの時期を商業革命（commercial revolution）の時代と呼ぶことがある．この表現は18世紀の政治家ボーリングブルック（1678～1751年）が初めて使用した．商業革命時代にイギリスは海外発展をとげた．経済学の祖，アダム＝スミスは『国富論』（1776年）で彼以前の経済学説を「重商主義」（mercantilism）と表現した．そのため，この時代を重商主義の時代と呼ぶこともある．

重商主義者としては，サー＝ウィリアム＝ペティ（1623～87年），ジョン＝ロック（1632～1704年）の他，東インド会社のために論陣を張ったトマス＝マン（1571～1641年），サー＝ジョサイア＝チャイルド（1630～99年）などが有名である．重商主義政策は基本的に金・銀の獲得を目指して，製造品の輸出を拡大し，イギリス商人の商業活動を活発にさせる目的をもっていた．実際に制定された法律として，1563年の徒弟法，1651年の航海法，1774年の機械輸出禁止法などがある．

17世紀は科学革命の時代であった.フランシス=ベーコン(1561～1626年)は宗教や冒険より,科学・技術の重要性を説いた.1662年に学術団体として,イギリス王立協会が認可され,ニュートン(1642～1727年)らが活躍した.自然科学の部門だけでなく,社会科学でも新たな動きが始まった.ホッブズ(1588～1679年)は『リヴァイアサン』(1651年)で,社会は自動機械(オートマトン)と同様に明晰に理解できると考えた.

(4) 18世紀の経済と文化

18世紀は『ロビンソン・クルーソー』(1719年)のダニエル=デフォー(1660～1731年)や『ガリヴァー旅行記』(1726年)のスウィフト(1667～1745年)のように,政治・経済の時事評論家がイギリスの文化を形作った時代でもあった.

図2-2 奴隷貿易廃止運動のメダル

出典)http://www.topfoto.co.uk/gallery/Slave Trade/ppages/ppage94.htm.これはウェッジウッドのものと同じであるが,作者不詳で,銅製のメダル."AM I NOT A MAN AND A BROTHER?"と書かれている.裏には,"whatsoever ye would that men should do to you, do ye even so to them"と,個人主義的人権の基本概念が記されている.ウェッジウッドのメダルは直径約3cmのジャスパーウェア.

中国では唐の時代から景徳鎮で磁器が生産されていたが,ヨーロッパでは18世紀はじめに,ドイツのマイセンでようやく磁器が生産できるようになった.東インド会社のおかげで,イギリスでは王政復古以降,紅茶の文化が徐々に築かれていた.その紅茶を優雅に飲むための磁器も生産されるようになっ

た．産業革命期にはジョサイア＝ウェッジウッド（1730〜1795年）がクィーンズ・ウェアを開発した．彼は1787年にメダルを作って，奴隷貿易廃止運動を支援した．

イギリスの世論はロンドンのコーヒーハウスで作られた．17世紀末にエドワード＝ロイド（1648頃〜1713年）が経営したコーヒーハウスには海事関係者が多く集まった．ここで船舶の売買や海運情報の交換などが行われた．ロイズは18世紀半ばまでに海上保険の中心的地位を築いた．

第2節　中世農業から近代農業へ

(1)　第一次囲い込みとレイ農法

1529年に大法官になったトマス＝モア（1478〜1535年）は『ユートピア』(1516年）という本で理想的社会を描いて，人文主義者として名高かった．その本に，おとなしい羊が人間を食べているという一文があり，これは第一次囲い込み（enclosure）を批判したものと理解されている．

テューダー朝は当初，囲い込み禁止法を制定して，牧羊のための囲い込みを阻止しようとした．しかし，16世紀後半，政府は一度草地になった農地を再び穀作地に戻すときには，囲い込みを認めるという方針を打ち出した．一時的草地（ley）で牧草の収量を高めて，家畜を増産し，穀物の増産を狙うレイ農法（ley farming）を，テューダー政府は認めた．当時，家畜の糞は重要な肥料であった．レイ農法は19世紀まで続き，新穀草式農法ともいう．レイ農法の他，16世紀後半から，牧草の収量増大を目指して，冬季に水をいれる灌水牧草地や客土による農業改良も盛んに行われた．

荘園制とともに三圃式農法が典型的に発達したのは，イギリスでは，肥沃な重粘土質土壌地帯である中部地方であった．耕圃で穀類が栽培され，採草地で牧草が繁茂した．穀類には小麦，大麦，ライ麦，エンバクといった麦類やエンドウやソラマメなどの豆類が含まれた．レイ農法はこの中世農業の定義をほんの少し破壊した．耕圃は共同耕地であり，個人のものではない．それなのに，他の農民の地条から自分の地条を切り離し，個人的に囲い込んで，レイを作る農

民が出てきた．レイ農法には，心理的にも共同体的にも抵抗があったが，乾草の増産で家畜は冬をこせるようになり，単位面積当たりの穀物の収量も増えた．

牧草の確保とともに，家畜の種類の改良も試みられた．育種の技術は17世紀に競走馬や猟犬の改良から始まり，18世紀には多くの育種家が登場した．中でも，ロバート＝ベイクウェル（1725～95年）が有名で，食肉用の羊の改良に成功した．

穀物の低価格期には，畑作を中心とした耕種農業から，家畜の飼育を中心とした牧畜業への転換さえみられた．18世紀に耕種農業の中心地は中部地方（Midland）から東部地方（East Anglia）に移動した．

(2) **輪栽式農法の形式**

イギリスの新しい農業は，オランダ農業の影響を受けやすかった東部地方から始まった．東部地方の土地は痩せていて，16世紀までに囲い込みは終わっていた．いわゆるノーフォーク四輪栽式農法は「小麦－根菜類－大麦－栽培牧草」の形式で，作物が輪作された．東部地方の砂質土壌はカブの栽培に適していた．他方，中部地方の重い粘土質土壌は，湿気に弱いカブの栽培には不向きであった．

三圃式農法では，共同体が運営した耕圃が輪作の単位となり，地力の維持がはかられたが，輪栽式農法では個々の農民が管理する農地が輪作の単位になった．輪栽式農法では休閑地がなくなり，新作物と呼ばれる栽培牧草や根菜類が耕圃で栽培された．

(3) **新作物**

栽培牧草としてイネ科のホソムギやマメ科のカラスノエンドウなども利用されたが，もっとも重要であったのはマメ科のクローバーであった．栽培牧草は冬季飼料の増大に貢献した．さらに，マメ科植物には根粒菌が付きやすく，空中窒素を土地に固定できたため，とくに窒素分を多く必要とする小麦に肥料を供給する役割も果たした．窒素肥料は従来，土地を休閑して，回復していたものであった．クローバーなどの牧草は自然にも成長するが，牧草として人工的

に栽培して収量を増やした.

ニンジンなどの根菜類も一部では利用されたが,根菜類の中では,カブがもっとも重要であった.それまで農家の庭(菜園)で栽培されていた根菜類が耕地作物の1つとなった.カブは飼料の中ではもっとも滋養分に乏しかったが,耕地の輪作体系に柔軟性を与え,冬の間,耕地上で羊の飼料として役立った.カブは穀物より深く根をはるため,地中から養分を吸い上げてくれるので,深耕したのと同様の効果をもち,カブを耕地でつぶして肥料にすることもあった.カブが中耕される場合には,雑草除去のための犁耕が不要になった.農業史は作物と雑草との戦いの歴史でもある.

新作物の導入にともなって,農業技術の革新の試みもみられた.1733年に『馬力中耕法』を発表したジュスロ=タル(1674〜1741年)は種子を一定の深さに平均的にまくことができる条播機を工夫した.それまで西欧の農業は穀物の種を手づかみでばらまくのが普通であったので,すじにまくことで,雑草除去も容易になり,生産性の増大が期待されたが,この技術は19世紀まで普及しなかった.

輪栽式農法を採用した東部地方では,王政復古から1720年頃までに,カブとクローバーは農家の半分で栽培されるほど普及した.当初は作物栽培面積は少なかったが,1850年代には,両作物の割合がそれぞれ20%に増大した.

(4) 輪栽式農法の役割

ノーフォークのクク家の所領では,輪作形式が借地契約にもりこまれ,18世紀末までは,契約書で地力の維持がうたわれていた.輪栽式農法は市場への依存を深めていたとはいえ,農民の手が届く環境で地力が維持されていた.しかし,根粒菌や家畜糞などの自給自足的肥料には限界があった.19世紀に入り,農地改良が借地契約で保護されるようになると,単位面積あたりの生産性の向上に人びとの関心が向くようになり,しだいに農業は市場への依存を増大させた.

中部地方では,共同耕地制度を維持した場合には,三圃式農法に代わって,

四圃式，五圃式農法で輪栽式農法の形式を取り入れる場合もあり，中世から続いていた伝統的農法の形式が崩れていった．

(5) **議会囲い込み**

17世紀には少数の関係者が協定を結んで小地片を囲い込む形の，協定による囲い込みが多かった．しかし，18・19世紀の第二次囲い込みは議会の制定法で囲い込まれたので，議会囲い込みと呼ばれる．16世紀の第一次囲い込みとは性格がことなり，議会囲い込みでは，地条が交換分合され，三圃に分散していた保有地が統合されたし，村人が運用していた共同地（入会地）も誰かの所有地になった．このような土地利用の変化をともなわないで実施された囲い込みの場合には，もう一度，囲い込みが行われるほどであった．

1700年には多くの小農場が自由保有農の所有になっていたか，あるいは，終身の謄本保有や定期借地のような長期の協定で保有されていた．しかし，18世紀の間に自由保有は買い上げられ，荘園領主は謄本保有の更新をやめた．ヨーマンの土地はジェントルマンや貴族の手にわたり，共同体の権限は失われた．1830年代までに，地主，大借地農，農場労働者という三分制が生まれた．雇用労働力は1700年には年雇の奉公人という形式をとっていたが，1851年には日雇いが多くなった．

第二次囲い込みでは，錯綜した保有地が囲い込みで整理されるので，荘園領主，十分の一税保有者，そして，村の土地の8割ほどの土地所有者の同意の下，議会に囲い込み法案が提出された．囲い込み法案で考慮されたのは土地所有者であり，所有権のない貧民はこの「同意」に参加できなかった．法案で囲い込み委員が任命され，委員は村で公聴会を開き，所有地を確定した．測量士が村の地図を作成し，保有地の価値を評価し，公平に土地の再配分を実施した．3093の囲い込み法で448万7,079エーカーの開放耕地と共同放牧地が囲い込まれ，2171の囲い込み法が230万7,350エーカーの共同放牧地と荒地を処理した．

共同で運営される開放耕地は1700年にすでにイギリスの農地の29％にすぎなくなっていたし，1914年に5％の土地がまだ開放耕地であったという推計もあ

図2-3 1730～1850年の囲い込みの推移（5年毎の囲い込み法案数）

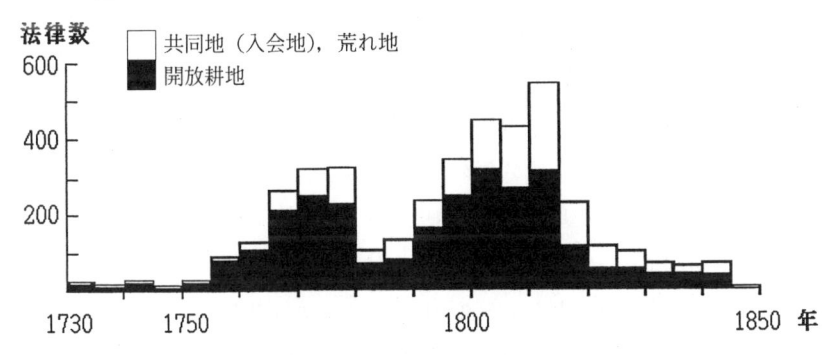

凡例：共同地（入会地），荒れ地／開放耕地

出典）Mark Overton, "Agricultural Revolution in England," 1996, p.150, fig. 4.1

る．囲い込み法は1604年にはじめて制定された．図2-3に見られるように，1750年以降，議会囲い込みが増加し，1760～70年代と1790～1810年代に議会囲い込みの大半が遂行された．

17世紀の協定による私的囲い込みで農地の24％，そして，議会囲い込みの最盛期の40年ほどの間に農地の18％ほどが囲い込まれたと推計されている．地域差も大きくて，議会囲い込みが実施された教区は開放耕地制が残存していた中部地方に多く，この地方では耕種農業から牧畜業に転換するための囲い込みもみられた．50％以上の土地が囲い込まれた州もある．

(6) 議会囲い込みの結果

囲い込みで工場労働者が創出されたとする見解は17世紀からみられる．18世紀の農学者アーサー゠ヤングは，囲い込まれた大農場では多くの労働力を必要とするが，食料の増産で人口が増え，その分，工場労働力にまわると考えた．

囲い込みの費用は，議会への請願や測量などに必要な公的費用と，生け垣や排水施設を作り，農地改良を施すための私的費用をあわせて，エーカー当たり12ポンドほどであった．この金額は小農民では負担するのが困難な額であった．囲い込みで一時的に小土地所有農民は増えたが，囲い込み前に彼らが利用していた共同権を失い，割り当てられた小面積の農地では，農業経営が成り立たなくなって，貧しい農民は土地を手放した．

囲い込まれた土地の多くでは,地代も産出高も増加した.しかし,産業革命期に囲い込みは農業生産性の増大にほとんど貢献していないと評価されることが多い.囲い込みは共同体主義の農業から,個人主義農業への転換の1つの象徴的な運動であった.農民は開放耕地制で要求される共同作業から解放され,農業経営者としての創意工夫が必要とされるようになった.

イギリス農業は18世紀に,イギリス史で唯一,穀物を輸出できる時期を作り上げた.17世紀末から穀物輸出奨励金がつけられて,輸出が奨励された.18世紀の間,平均してほぼ10万クォーター以上の小麦が輸出され,1750年には100万クォーターの小麦が輸出された.1728～29年,1740～41年,1757～58年,1767～68年を例外として,1770年代まで小麦はほとんど輸入されなかった.19世紀はじめの穀物法で,多少の修正を受けるまで,この状況は続いた.

第3節 市場向けの工業と内陸運輸

(1) 経営形態

工業の経営形態として17～18世紀には,独立職人の職場,商人層の前貸問屋制,パートナーシップによる協同経営,あるいは,大規模な工場制的事業が共存していた.海外市場向けの製品も多くつくられるようになった.

商人製造業者,商人親方,問屋織元などの名前で呼ばれる前貸問屋は,自宅で作業する職人や農民を労働者として利用し,彼らに原材料を委託・前貸しして,製品を作らせ,出来高払いの工賃を支払って,製品を回収した.前貸問屋制は都市内部でも行われたが,多くは,零細な農民の農閑期余剰労働を低工賃で利用するという方式が採用された.都市の需要を中心としたギルド制とことなり,前貸問屋制は全国市場や国際市場の大量需要に応じる大量生産方式である.商人親方は原材料を一括大量購入し,製品を大量販売して,流通経費を削減した.そのため,前貸問屋制が普及した部門は市場の影響を受けやすく,大量の失業者による貧困問題も生じた.

個々の製造業者が経営単位を拡大するときには,しばしば家族経営を主体と

第2章　工業化前夜の経済変化：16〜18世紀　59

図2-4　イギリスの主要地名

出典）Philips, *Modern School Atlas*, George Philip & Ltd., 1975, pp.22, 23, 26, 27 より作成.

したパートナーシップが組まれた．パートナーシップでは所有と経営が分離しないほうがよくて，小規模でリスクの小さな企業運営が求められた．そのため，類似商品の価格競争に勝つための規模の経済は求められず，初期投資の早期回収による安定的利潤の確保が重視され，経営方針として，償却済み固定設備の長期利用，内部留保した利潤とパートナーからの追加投資，銀行からの短期借

り入れなどが採用されることが多かった．パートナーシップでは所有権が維持され，多様に組み合わせた資本・技術による企業の設立も容易であった．

(2) 新織物の登場

イギリスでは14世紀後半から有力なギルドが，国王から特許状を獲得して，リヴァリ・カンパニー（livery company）に発展した．ロンドンには，16世紀初頭に，リヴァリ・カンパニーが30ほどあり，その下にロンドン市の統制を受けたクラフト・ギルド（手工業ギルド）があった．底辺にはギルドさえ存在しない不熟練職人たちの職業があった．

イギリスの最初の本格的な輸入代替産業である毛織物工業はテューダー一朝で発展した．イギリスはそれまで羊毛生産国であり，ステープル・カンパニーの商人が羊毛を輸出した．15世紀に徐々に毛織物の輸出も拡大した．イングランドの毛織物を輸出する商人の団体である冒険商人組合は大陸各地への毛織物輸出の窓口として，ネーデルラントのアントウェルペンを利用した．

アントウェルペンの商人は白地広幅の毛織物をフランドルの農村地方とイングランドから入手した．彼らは高度な技術を要する染色・仕上げ工程を独占して，イギリスの生産者に未仕上げの毛織物を要求したのである．ネーデルラント独立戦争（1568～1648年）で，スペインに徹底抗戦したアントウェルペンは1585年に陥落した．アントウェルペン陥落までに多くの商人は北部7州に避難した．

独立戦争の頃から，イギリスでも新織物工業が展開して，従来の紡毛織物（woollen）にかえて，ほぼ1インチ（2.54cm）以上の長い繊維の羊毛を利用して，長さ太さの均等な上質の羊毛で織られた梳毛織物（worsted）が毛織物生産の大きな一角を占めるようになった．

新織物には梳毛織物，麻織物，綿織物などがあった．イギリスは紡毛織物の市場であった中欧から，梳毛織物市場である地中海へと，海外市場をうつした．紡毛織物は厚手で寒い地方に受け入れられたのに対して，新織物は薄手で，温暖な気候に適していた．

1555年,織布工法が制定された.織布工法はヨークシアなどの北部地方の例外を除いて,全国的な法として制定された.織機の数は農村の織元1台,農村の織布工2台に制限するが,都市の織元に対する制限は加えなかった.織布工が縮絨場を設けたり,染色することを禁止し,縮絨工が織機を所有するのを禁止した.

(3) 18世紀の織物業

紡毛織物,梳毛織物,靴下編み,絹織物,亜麻織物(リネン)のような主要な織物工業ではさまざまな技術や組織がみられた.

西部地方では,原料の羊毛はジェントルマン織元の下に集められ,この織元が刷毛,紡毛,織布,縮絨,仕上げの工程を,地域の労働者に請け負わせた.この請負が前貸問屋であるときもあり,また,独立契約でなされるときもあった.そして,最終生産物をジェントルマン織元が販売経路に乗せていった.

ノーフォーク梳毛工業では独立の手工業者が多かった.織布工は独立の紡績工から糸を買い,自分で織布した.織物ができれば,仕上工に前貸しして,仕上げてもらい,最後に,地方やロンドンの商人に売りさばいた.

亜麻織物として,奴隷用の衣服,コーヒーやインディゴ用の袋,シーツ,テーブルクロス,ナプキン,タオルなどが作られた.ランカシアやグラスゴーでは,経糸に亜麻糸,緯糸に綿糸を利用したファスティアン織の形で綿織物工業が発展した.ファスティアン織は綿製品としては,インド産のキャリコやモスリンには遠く及ばなかった.

(4) 工業製品の輸出

時代によって,変動があるが,イギリスの毛織物の半分ほどは輸出に回された.毛織物生産の中心地は外国市場への依存度が高かった.イギリスの3大毛織物工業地帯の中で,中心的地位をしめた地方は,15世紀から17世紀前半は北欧・中欧を市場とした白地広幅織の西部地方,17世紀半ばから18世紀半ばまでは南欧を市場とした新織物の東部地方,それ以降は,北アメリカを市場としたヨークシアであった.

ブラジルの金が枯渇し始めると，1750年代をピークとするポルトガルへの毛織物輸出は減少した．これに対処するために，ロンドンに依存しないで，独自の毛織物輸出商人を配したヨークシアは，7年戦争で掌握した北アメリカへの輸出を拡大させた．1770年から1800年に，アメリカへの毛織物輸出の割合は25％から40％に増えたが，これはほぼヨークシア，とくにウェスト・ライディングから供給された．

イギリスでは17世紀後期から18世紀にかけて，農業労働者を雇用し，輸出市場向けに生産する金属加工地域が存在した．バーミンガムの周辺の農民の多くは釘，ナイフ，大鎌，錠前などアメリカ市場向けの製品を生産していた．ヨークシア南部のシェフィールドでもナイフと大鎌などの刃物類が輸出向けに生産された．

イギリスではバーミンガムの金物業やシェフィールドの刃物業の技術力が高かったが，たいてい小規模の町工場で経営されていた．銃器製造では，銃器製造業者が倉庫を所有し，中間的部品を手に入れ，これを専門の職人に与え，職人が製品を組み立て，仕上げた．銃器製造業者は銃身製造業，発射装置製造業，引き金製造業，銃剣鍛冶などの独立の製造業者から部品を購入した．バーミンガムの金物工業は銃器以外に，宝飾類，ボタン，ブレスレット，ネックレス，鎖，印章，タバコ入れなど，さまざまな小物製品を作っていた．

(5) 国内交通網

18世紀には貿易量の増大で，交通網の整備が必要になった．1555年にメアリ女王が一般幹線道路法を制定し，教区中心の道路管理体制をしいてから，道路は地域共同体住民の無償の労働奉仕（最初は年に4日，のちに6日）で維持されるようになった．これは法的賦役制と呼ばれる．

この法的賦役制は地方で暮らす農民には十分な制度であった．農民は荷馬や2輪の荷車を利用したり，あるいは，家畜を歩かせるのに十分な道を必要としたにすぎない．「道」という言葉は今日的な意味での物理的な道ではなく，まだ通行権に等しい状態であった．そのため，法的賦役制による道路修繕は1835

年まで続いた．

しかし，16世紀後半からの馬車の普及や全国的な商業網の展開で新たな道路が必要とされるようになった．そのため，1710年代からターンパイクと呼ばれる，地方の名士が協同で道路整備事業を遂行する有料道路が登場するようになった．これは道路の建設・保守・維持費を通行料でまかなうものであったが，通行料の徴収に関しては，道は公のもの（king's road）と考え，地方的な交通しか必要のない貧民層が暴動を起こして抵抗することもあった．

第4節　海外発展と商業革命

(1) テューダー朝の海外発展

イギリスはスペインやポルトガルとの直接衝突を避けて，海外発展を開始した．モスクワ大公イワン4世（1533～84年）から通商許可を得た商人たちが，1555年，イギリス史上初の合本会社（joint stock company）であるモスクワ会社を設立した．毛織物輸出ははかばかしくなく，また，会社はモスクワから陸路ペルシアまで抜けることができたが，アジアは遠かった．

1580年代から，地中海進出を試みる商人団が現われた．関税徴集請負人であったロンドン市参事会員トーマス=スミスは1592年に会員53人のレヴァント会社を結成した．彼は1600年に東インド会社を結成し，その初代総督になった．

1588年にイギリスはスペインと海上戦を演じた．イギリス海軍の4人の司令官の1人，ジョン=ホーキンズ（1532～95年）は1560年代に西アフリカの奴隷をスペイン領アメリカ植民地で売りさばいて，スペインの貿易独占権を侵害した商人である．その弟分のフランシス=ドレイク（1543頃～96年）は1577～80年にイギリス人として初めて世界一周を成し遂げた．その途中で，彼はスペインの銀船団の襲撃に成功した．

エリザベス女王には海賊女王というあだ名がある．ホーキンズやドレイクを海軍の司令官として抜擢し，活発な私掠戦争をしかけたからである．私掠業（privateering）は海賊行為とことなり，合法的活動である．商船の船長は外国

商人から受けた損害の賠償を求めて,海軍の法廷に提訴し,私掠免許状を発行してもらった.実力による損害賠償請求が私掠である.のちに英・仏のカリブ海植民地開発とともに,本当の海賊,いわゆるカリブの海賊が誕生することになる.

海外雄飛を試みた一人,サー＝ウォルター＝ローリー (1552頃～1618) は1584年に特許状を得て,アメリカの植民を目指した.植民を試みた地方を処女女王にちなんでヴァージニアと命名したが,植民は失敗した.

(2) 東インド会社

レヴァント会社は複数の独立経営の商人が互いに取引を規制しあう制規会社 (regulated company) であったが,1600年に設立された東インド会社は会社の勘定で取引きする合本会社として設立された.喜望峰から東の地域との貿易は東インド会社の会員に限られた.アジアは西欧の商品をあまり買わなかったので,東インド会社には特例として銀地金の輸出が認められた.

東インド会社は当初,胡椒を輸入した.クローブ,ナツメグ,メースなどの香辛料の産地であるマルク諸島で,1623年アンボイナ事件が生じ,オランダはイギリスの排除に成功した.1630年代には胡椒市場が飽和状態に達し,シナモン,キャリコ,絹なども輸入されるようになった.インドの綿織物であるキャリコの輸入は1680,90年代にブームとなり,イギリス毛織物工業に大きな打撃を与えた.1700年にキャリコの輸入禁止,1720年にその着用禁止の措置がとられた.その結果,18世紀に,東インド会社は紅茶の輸入に大きくシフトした.

1613年までに12回,個別の合本で,それ以降1642年までは3回の当座の合本で航海事業が実現された.個別合本では航海毎に投資の申し込みと清算が行われた.当座の合本では数年分の航海事業が合算され,元本込みで利益が分配された.1657年以降,事業毎の清算は行わないで,永続的会社組織をつくり,会計年度が設定された.売買自由な小額の株券も発行されるようになり,1698年にはロンドン株式取引所が設立された.

1620年代には,東インド会社も独占批判にさらされた.その後,敵対的会社

も設立されたが，1709年に合同東インド会社としてまとまり，独占問題はほぼ解消された．この頃まで，イギリスはインドでの軍事的小競り合いに負けていたが，1757年のプラッシーの戦いで勝利した．1765年以降ベンガル地方への介入を深め，73年にはアヘン専売権も獲得した．1840～42年のアヘン戦争の引き金が作られた．

(3) 北アメリカ植民

1607年，ロンドン・ヴァージニア会社がジェームズタウンの定住に成功し，北アメリカ植民地建設が始まった．1612年にタバコの栽培に成功して，植民は軌道に乗った．当地のポーハタン族の首長の娘であるポカホンタスはタバコ栽培の改良に成功したジョン＝ロルフと結婚して，1616年，ロンドンに出向いた．社交界では歓迎されたと伝えられるが，翌春，帰国を前にして病死した．

ヴァージニア会社は1618年以降，年季奉公人に土地を与えるという形式で植民を進めたが，先住民はこの動きに反対して，植民地を襲撃した．19世紀まで続く，先住民掃討の歴史が始まった．

17世紀に植民地は拡大した．1620年，ピルグリム・ファーザーズがマサチューセッツ州プリマスで入植地の建設に成功した．その後，1681年にはクエイカー教徒のウィリアム＝ペンの主導の下，彼らの安住の地としてペンシルヴァニア（ペンの森）も作られた．1732年にイギリスの貧しい債務者の救済のために作られたジョージア州の建設で，北アメリカ植民地は13州となった．

18世紀の間，年に数千人の白人が北アメリカ植民地に移民したといわれる．移民は自由移民，年季奉公人，罪人などからなっていた．南部植民地はタバコ貴族と呼ばれる人びとも生み出したが，西インド諸島の砂糖プランターが不在地主化していったのとことなり，タバコプランターは植民地にとどまった．

年季奉公人は植民地への渡航費，契約期間中の衣食住，年季満了時の給付金が保障された．年季奉公の契約期間は成人の場合4～5年，未成年者の場合7年であり，その期間中，奉公人は主人の命令に従って働き，時には，売買・譲渡さえされた．

(4) 大西洋奴隷貿易

1618年，ギニア会社が結成された．その会員ジョブソンはガンビア川流域で現地の商人に奴隷を提供されたとき，それを断った．イギリス人は奴隷を扱うような国民ではない，というのが，その理由であった．会社の活動は金鉱探しの他，象牙や赤色染料木の取引など，地味な商業活動に限られていた．しかし，革命でチャールズ1世の処刑を要求した商人団である，いわゆる植民地商人がギニア会社を牛耳ることで様子が変化し始めた．

王政復古後，1660年，ルパート王子やヨーク公を加えて，アフリカの金鉱探しの会社が設立された．この探検事業は成功し，それを祝して，ギニー貨が製造されるようになった．この頃になると，西インド諸島で，サトウキビ栽培が盛んになり，多くの奴隷を必要とするようになった．従来の会社を改組して，1672年，王立アフリカ会社が設立された．王立アフリカ会社でイギリスは本格的な大西洋奴隷貿易の時代を迎えることになる．

王立アフリカ会社は設立後20年間は年利7％弱の配当を出せた．1698年には10％の関税の支払いで，個人商人がアフリカ貿易に参加できるようになり，1712年，アフリカ貿易は開放された．当初はロンドン商人，1740年代まではブリストル商人，それ以降はリヴァプール商人が奴隷貿易に従事した．

イギリスの西インド植民地は1620年代から開発された．最初はバルバドスが中心であったが，イギリスは1655年にスペイン領ジャマイカを占領した．ジャマイカはイギリス領では最大の西インド植民地となり，ここに大量に黒人奴隷が送り込まれた．

ロンドンとジャマイカ間の貿易はロンドン商人が仕切った．イギリス人は東インド産の紅茶に西インド産の砂糖を入れて，ミルク・ティーを飲むようになった．紅茶の文化は東インド会社の支援で生まれた．科学者も参加した健康にいい紅茶の宣伝活動は，今日まで続く，1つの確かな手法として確立した．需要がないところに，需要を創り出す．

砂糖は17世紀末にすでに委託販売システム（commission system）で取引さ

れるようになっていた．西インド諸島のプランターがイギリスの代理商にあてて砂糖を出荷し，彼らにその販売を委託した．委託代理商は砂糖の委託販売，輸送・保険の手配，管財・輸送費の支払代行，積荷の保管などの業務を遂行し，西インド諸島への帰り荷として，プランターが注文した品々を手配し，信用貸しや手形引受を行って，商取引の全般を引き受けるようになった．

1787年から奴隷貿易廃止運動が本格的に始まった．大西洋奴隷貿易は1807年に禁止され，1833年に西インド植民地での奴隷制が廃止された．奴隷貿易廃止運動はクエイカー教徒が開始し，国教会の福音派が押し進めた宗教的運動であった．その中心には議会で活躍したウィルバーフォース（1759～1833年）がいた．

(5) イギリスの国際関係

市民革命期までイギリス商人は海外貿易でオランダ船を利用した．オランダ商船の運賃は安かった．イギリスは1651年，オランダ船を排除するために航海法を制定した．そのため，第1次英蘭戦争（1652～54年）が勃発した．その後，第2次英蘭戦争（1665～67年）の結果，ニューヨークがイギリスに割譲された．第3次英蘭戦争（1672～74年）でも決着はつかなかったが，オランダは疲弊し，イギリスは発展の基礎を固めた．

1651年の航海法は輸出入に利用する船舶をほぼ生産国かイギリスの商船に限り，オランダの中継貿易を排除した．1660年法では，砂糖・タバコなどの植民地物産や東インド物産などを列挙して，これらの商品はイギリスを経由して，再輸出させることにした．

市民革命の時代は植民地拡大の時代でもあった．1649年にクロムウェルは王党派追討を口実として，アイルランドに侵入し，アイルランドの土地の8割をイングランド地主の土地にしてしまった．アイルランドはイングランドの不在地主たちを肥やすための植民地になった．

18世紀はスペイン継承戦争（1701～13年）で幕を開けた．スペインはポルトガルやフランスなどの商人にアシエントを与えて，スペイン領南アメリカ植民

地に独占的な奴隷の供給を許可していた．ユトレヒト条約でイギリスがそのアシエントを確保した．

1703年にイギリスはポルトガルとメシュエン条約を結んだ．イギリスの外交官メシュエン（1650頃～1706年）の目論見は大成功であった．この条約でポルトガルのワインを低関税で輸入する代わりに，ポルトガルへの毛織物輸出が認められた．イギリスはポルトガルを通じて，ゴールドラッシュにわくブラジルから大量の金を手に入れることができた．

植民地物産の再輸出をのぞき，イギリスは18世紀が始まる時にすでに工業製品を輸出し，原材料を輸入する国になっていた．タバコ，コーヒー，砂糖，米，紅茶などからなる再輸出品は輸出量の半分ほどに達した．工業製品の輸出のうち，18世紀はじめには，毛織物が総工業製品輸出の85％を占めていた．18世紀にイギリスの貿易構造はヨーロッパからアメリカへと大きくシフトしていった．

(6) 南海会社と証券流通

1568年に設立されたロンドンの取引所（のちの王立取引所）では，本来の商品取引に加え，17世紀には証券取引も扱うようになった．1688年の名誉革命ののち，巨額の国債が発行されるようになって，証券取引は活発化した．国債を大量に買った人びとは，ウィッグ系の大地主層，ロンドン商人，砂糖プランター，あるいは，内科医や弁護士といった専門職業人が多かった．彼らは抵当証書や公債を買って，証券ジェントルマンと呼ばれた．

南海会社はスペイン領アメリカ植民地に奴隷を輸出する特許会社として，1711年に設立された．東インド会社やイングランド銀行と同様に，南海会社も不良公債の整理を行った．1720年，南海会社の公債整理計画は株式を投機の対象にしてしまい，南海泡沫事件をひきおこした．人びとは泡沫（バブル）のようにつぎつぎと株式会社を設立し，儲けに酔った．南海会社の株価が天上に達したとき，投機を抑制するため，泡沫会社法が施行され，南海会社を除く泡沫会社の取り締まりが行われた．しかし，その結果，南海会社の株式も暴落し，イギリス中が混乱状態に陥った．以来，1825年に泡沫会社法が廃止されるまで，

株式会社の設立は厳しい制限の下に置かれるようになった．

　17世紀後半の海外貿易の拡大とともに，一時的に支払不能に陥る者が増大した．1706年にはじめて破産法が成立し，1732年に永続的な法律となった．債権者は破産手続きの開始を大法官に誓願した．その際，虚偽告訴することのないよう，200ポンドの保証金が供託された．事実の確認後，債務者の所領を差押え，販売し，収益を債権者に分配した．海外貿易は利益が大きい分，破産者も多かった．破産手続きの整備で，イギリスの海外発展は制度的に確立した．

　海外発展とともに，ジェントルマンによる各種の証券への投資が始まった．約束手形，抵当，年金なども利用されたが，外国為替がもっとも重要であった．海外貿易は外国為替手形で決済された．18世紀半ばまで西欧の金融市場はアムステルダムを中心に回っていた．1773年にはロンドン手形交換所が設立され，19世紀にロンドンのシティーは国際金融の中心地になった．

(7) 金融業

　中世から活躍していた金匠は金・銀・銅といった貴金属を加工し，その技術を利用して，さまざまな業務をこなした．金匠は預金の受け入れだけでなく，振替業務や貸付業務も営むようになった．その取引網を利用して，為替を割り引き，鋳貨・延べ棒・金粉に対して受領書を発行した．これらの受領書はイギリスの普通法では，担保のある約束手形とみなされ，流通手段として機能した．この金匠手形は銀行券として機能した．

　金匠は政府の銀行家の役割も担った．1672年の財務府の支払い停止で金匠は大きな打撃を受け，その多くは破産した．しかし金匠は長期の証券に投資して，1720年まで公信用の発展に影響を与えた．

　1694年，政府債務を肩代わりさせる目的でイングランド銀行が設立された．イギリス政府は，シティーの商人や金匠から多額の資金を借りていた．イングランド銀行は，8％の利子で，120万ポンドを政府に貸し付けた．そのうち50万ポンドは銀行券であった．銀行券の最低額面は10ポンドであった．銀行券には，要求しだいで現金に兌換される支払いの約束が印刷された．イングランド

銀行の銀行券は18世紀末にはランカシアでも利用されたが，それまでは銀行券の流通範囲は事実上ロンドンとその周辺に限られていた．

ランカシアでは18世紀の最後の四半期に地方銀行が勃興した．地方銀行は1750年にはイングランドとウェールズで12行程度にすぎなかったが，1775年に100行，1800年に370行，1825年に600行となり，1838年に地方銀行の数はピークの1100行以上に達した．地方銀行家は為替手形でロンドンに送金し，銀行券を発行した．1821年以降は，地方銀行の準備金として，主にイングランド銀行の銀行券が利用されるようになった．

第5節 18世紀の人びと

(1) 階層と人口

17世紀末のイギリスの階層や富に関しては，グレゴリー＝キング（1648～1712年）が作成した数値がよく参考にされる．表2−1はその数値の一部を抜粋し，年間所得の多い順に並び替えたものである．この表から，階層の一番上にいる世俗貴族の家族が40人で構成されていて，現代の核家族を前提とする家族概念とはことなり，1つの世帯が計算単位になっている点が理解される．世帯には住込みの奉公人も含まれていた．19世紀になると，このような世帯から住込みの働き手が次第に失われ，世帯から「家族」へと計算単位が変化していく．

イギリスの総人口は1656年に530万人，1686年には490万人へと減少したあと，1710年代までに17世紀半ばの水準を回復し，1730年代後期に550万人，1750年代後期に600万人，18世紀末に900万人近くに達したと推計されているが，キングは1688年の総人口を550万人ほどと想定している．

表2−1の「一般船員」より下の階層は労働貧民と呼ばれ，貧民救済の対象になる可能性が高かった貧民層であった．家族員数が4～5人と計上されている階層がほぼ実務に従事し，雇用者となった人たちである．これらの一般の民衆，当時の言葉でいう「貧民」である小売商・職人・農民は，人生のはじめに

第2章 工業化前夜の経済変化：16〜18世紀　71

表2-1　人口と富に関するグレゴリ=キングの推計（抜粋）

階　　層	家族数（家族）	1家族当たり人数（人）	1家族当たり年間所得（ポンド）
世　俗　貴　族	0.16	40	2,800
大海上貿易商	2	8	400
ジェントルマン	12	8	280
中小海上交易商	8	6	200
法　律　関　係　者	10	7	140
官　職　者　（下位）	5	6	120
自由保有農（大）	40	7	84
海　軍　将　校	5	4	80
上　位　聖　職　者	2	6	60
学　術　関　係　者	16	5	60
農　場　経　営　者	150	5	44
商店主・小売商	40	4.5	45
職人・手工業者	60	4	40
一　般　船　員	50	3	20
労働者・通い奉公人	364	3.5	15
小屋住農・貧民	400	3.25	6.5

出典）P.マサイアス『最初の工業国家』日本評論社，1988年，27ページより抜粋．P.ラスレット『われら失いし世界』三嶺書房，1986年，46-47ページの表と一部数値がことなる．

奉公人となり，成人して，奉公人の雇い主ともなった．学術関係者や官職者，法律関係者のような専門職に従事する人が一般の民衆と上流階層の中間層を形成し，その上に支配階層としての広義のジェントルマン層が位置している．

(2)　ジェントルマン

18世紀のイギリスの拡大を担ってきたのは，地主階級を中心とした政治家，海外貿易商人，資金を提供する金融業者であり，彼らは相互に交流し，社会のエリート層を形成していた．この階層は1750年に600万人の総人口のうち，2万人足らずで構成されていたと思われる．このエリート層の下に，狭義のジェントルマン層がいて，この層は総人口のほぼ1.2〜1.4％，1.8万〜2.7万家族で構成されていた．

18世紀は，土地財産が安全と地位を提供した．商品や貨幣からなる富は雲散霧消するかもしれないが，土地は安定していて，地域社会に根づき，社会的地位と義務が与えられた．しかし，積極的に資産運用を考える地主も多く，彼らは所領経営の他，プランテーションや工業，証券投資などからも収入を得た．南海泡沫事件のように資産運用の失敗で損失を被る人がいても，地主階層が商工業から手を引くことはなかった．

(3) 徒弟制と奉公人

　1563年に徒弟法が制定された．熟練職を裕福な階層の子弟に限り，それ以外の労働は貧民の子弟を充てることにした．徒弟法は改めて，職人になるために最低7年間の徒弟期間を要求した．労働時間も制定され，ほぼ夜明けから日没までの労働時間が認められた．

　徒弟は衣食住を提供されていた．月に1ペンスほどの小遣いが支払われることは，慣習となっていた．通常，徒弟や奉公は14歳前後に始まるが，パン屋や鍛冶屋のように肉体の強さが必要とされる職種では15，16歳以上の場合もあった．農業や家事，あるいは，織物工業の場合には，7～8歳から奉公に入った．

　徒弟制は技術習得の機構としては後まで残るが，1750年頃には事実上崩壊が始まった．徒弟期間は1768年法で3年となった．1814年に徒弟法が廃棄され，法制度として徒弟制はなくなった．

　ギルドは17世紀にはまだ規約の制定，規約違反者に対する罰金・投獄などの権限をもっていたが，18世紀には，ギルドの司法権が都市当局や国家に吸収されてしまい，ギルドは自然消滅したり，私的団体と化していた．18世紀に逃亡徒弟の新聞広告がしばしばみられた．賃金，労働時間，雇用関係などを中心として，下層の労働者は生活を守るために，ギルドに代わる新たな組織を求め始め，のちに労働組合が結成されることになる．

　農村では奉公人が雇用された．1560年代から雇用市が開催されるようになった．ここで雇用されなかった者は窮民となる可能性が高かった．雇用市でティーンエイジャーが農事奉公人として，農夫に雇われた．

　農事奉公人の雇用契約は1年で更新された．若者は農業の実地訓練を受けながら，1年間，農夫と寝食をともにした．15歳から24歳までの人口の6割が奉公人であった．奉公人達はさまざまな雑用に従事していた．奉公人は使いに走り，窓を拭き，洗濯をして，雇い主が外出するとそれに付き従った．それでも雇い主層からみると，奉公人は無思慮で，不誠実であり，下劣であった．奉公人は踊りや歌の集まりに出かけるのが禁じられた．誘惑が待ち受け，目を引く

品物が集まる市や祭りも警戒された．

18世紀の間に，従来の家父長的な主人・奉公人関係は薄れていき，契約関係が生まれてきた．多くの主人は複数ではなく，1人の奉公人しか雇わなかった．奉公期間が終わると，結婚して，日雇い労働者層に加わる者が多かった．

性別分業の形式も1750～90年に変化した．18世紀半ばから男性は収穫期の雇用率が上昇した．これは小麦・ライ麦の収穫労働が小鎌ではなく，大鎌が利用されるようになったのが原因した．他方，女性は春の雇用率が高く，家畜の出産や搾乳，初夏の干し草作りのために雇用された．18世紀半ば以前には，女性の労働は刈り取り，犂耕，脱穀などさまざまであったが，19世紀には，石の除去，除草，収穫後の落ち穂拾いなど，わずかな労働に限定されるようになった．そのため，女性は父や夫や教区の負担になり，家計に貢献できなくなり，雇用先の減少がロンドンの売春の増大につながったのではないかともいわれている．

(4) 労働規律

18世紀の家内工業では家長が自分で労働時間や労働の強度を決めていた．農地を保有する労働者も多く，賃金外所得があった．労働者の多くは日曜日に遊び疲れ，月曜日は休むことが多かった．この習慣は聖月曜日と表現された．労働者の強度の余暇選好性と労働の自立性は機械制工場でもなかなか克服できなかった．18世紀末から大企業家は労働規律を身につけさせようとして，罰金や制裁を課したり，あるいは，子どもたちに教育を施したりした．

歯車で動く機械式時計は労働規律に影響を与えた．夜明けから日没までという，従来の自然の時間による労働にかわって，労働時間規制が18世紀に始まった．18世紀半ばにロンドンの半数ほどの職場で朝6時から夜8時までの労働時間が決められていた．

ちなみに，機械式時計は18世紀には，洋上航海の位置測定のために，精度も要求され，1713年，イギリス政府は1日に3秒以上の狂いのない時計を製作したものに賞金を与えるとした．1759年にジョン＝ハリソン（1693～1776年）がその精度を実現するクロノメータの製作に成功した．

(5) **テューダー朝の救貧法**

16世紀後半から，貧困問題の解決が大きな問題となった．16世紀の間に，大陸では都市が救貧制度を整えたが，イギリスは教区を単位として，国家的救貧制度を作り上げた．善良なキリスト教徒は隣人のために働くものである．身体が強健で，労働可能な体をもつのに，主人もいなくて，怠惰に浮浪して暮らしている者は処罰する．16世紀に，物乞いや浮浪者は犯罪者と同じ扱いを受けるようになると同時に，働きたくても働く場がない人や肉体的・社会的に働けない人を救済する制度が生まれた．

1531年の「乞食・浮浪者処罰法」は最初の救貧法と呼ばれる．浮浪者は鞭打ちののち生国に帰還させ，他方，非自発的失業者の物乞いは許可した．修道院領の解体が始まった1536年には，個人的な施しが禁止され，教区単位で救貧税を徴集するようになった．それまで修道院の他，ギルドや兄弟団（fraternity）などが救貧活動に従事していたが，1547年の礼拝堂解体令で兄弟団は廃止された．国家の末端の福祉行政単位としての教区の役割が増大した．1576年法では浮浪者を強制的に働かせるため矯正院が提供された．これらの試みが集大成されて，1598年に「救貧法」と「浮浪法」が制定された．浮浪は犯罪となった．何を犯罪と理解するかで時代が変わる．刑事法は民事法に優先する．

98年法を改正して，1601年にエリザベス救貧法が制定された．① 貧民は就労させる，② 無能力者は救済する，③ 窮民の子は徒弟奉公させる，④ 救貧事業のため教区単位で救貧税を課し，その支払いを拒絶する者の財産を差し押さえる，⑤ 乞食を禁止する．救貧法の「無能力者」は労働不可能の者であり，たいてい老人や身体障害者，あるいは，幼児を連れた女性を意味した．また，法的に救貧税の恩恵を受けた者は通常の「貧民」（poor）と区別されて，「窮民」（pauper）と表現された．

(6) **旧救貧法**

1662年の定住法では，新しく教区に移住してきた貧民に対して40日以内に不満の声があがった場合，2名の治安判事の判断で教区から追放できると規定さ

れた．救貧税の負担が過大になるのを回避するため，人びとはいわば貧民の教区たらい回しを行うようになった．定住法で追放された者は圧倒的に女性や，家族持ちの男性が多く，他方，若年男性労働力は教区にうけ入れられた．

18世紀の救貧体系は1782年のギルバート法で整理された．この法律で専任の有給官吏が配置され，救貧院には働く能力のない窮民が収容された．老人・身体障害者・寡婦・子どもは救貧院に入った．しかし，働ける者には仕事を与えるか，仕事がない場合には救貧院の外で救済した．1795年のスピーナムランド法で，扶助の額はパンの価格に依存する，という原則が打ち出された．

1802年の調査で救貧の対象となったものは約100万人で，うち30万人は15歳未満の子どもであった．救済対象となった者のうち，9割が院外で救済された．救貧のための支出は1696年から1803年にかけて，40万ポンドから427万ポンドに増大し，これは国民所得の1～2％をしめた．

☞ 学習の課題

1. 農民は栽培する穀物を自分で決めていましたか．誰がどの土地で何を栽培するのかを，どのように決めていたのでしょうか．輪栽式農法と三圃式農法の違いに注意して調べてみましょう．
2. 奴隷，奉公人，賃金労働者はどのように働き，どのような抑圧や喜びを得たと想像できるでしょうか．その想像図の根拠を調べてみましょう．
3. 18世紀に紅茶と砂糖はなぜ重要な商品であったのでしょうか．現在と比較して，その理由を調べてみましょう．
4. あなたの身の回りにある織物の素材を確認してみましょう．梳毛織物はありますか．

📖 参考文献

- 楊枝嗣郎『近代初期イギリス金融革命』ミネルヴァ書房　2004年
- 金哲雄『ユグノーの経済史的研究』ミネルヴァ書房　2003年
- 浜忠雄『カリブからの問い』岩波書店　2003年
- 浅田實『イギリス東インド会社とインド成り金』ミネルヴァ書房　2001年
- 池本幸三他『近代世界と奴隷制』人文書院　1995年
- I.ウォーラーステイン（川北稔訳）『近代世界システム1600～1750』名古屋大学出版会　1993年

- 熊岡洋一『近代イギリス毛織物工業史論』ミネルヴァ書房　1993年
- L.A.クラークソン（鈴木健夫訳）『プロト工業化』早稲田大学出版部　1993年
- 川北稔『民衆の大英帝国』岩波書店　1990年
- 坂巻清『イギリス・ギルド崩壊史の研究－都市史の底流－』有斐閣　1987年

第3章 工　業　化

第1節　工業化の原因

　工業化，すなわち産業革命（Industrial Revolution）の原因は，主に重商主義体制を支える初期資本のもとで生じた国内国外でのいきづまりであり，それを促進するだけで，解決できなかった重商主義体制のいきづまりであった。このころ発達していた前貸問屋制の形態をとる初期資本は事実上の資本-賃労働関係をともなっているが，道具に基づく手工業的技術を利用するので労働生産性の上昇はほとんどなく，初期資本が利潤を得るには労働者の賃金をできるだけ安くすること，すなわち低賃金が必要であった．このような初期資本のもとにおける労働生産性の停滞と低賃金とは互いに矛盾する．その理由は，次の通りである．

　18世紀には農業生産力の上昇などによる人口の増加や社会的分業の進展，輸送手段の改善が，国内市場の拡大をもたらした．まず18世紀のイギリスの推定人口をみると，1740年には601万人であったが，50年に625万人，70年712万人，そして90年には822万人と18世紀後半に急増し，特に都市人口が増加した．それは，17世紀の末期に全人口の25％であったが，1801年には約35％に増加した．また社会的分業は，農業がノーフォークなどの東部，繊維工業が北部のヨークシアとランカシア，金属工業がバーミンガムなどの中部へと集中するにともない進展した．最後に輸送手段の改善も，表3-1の示す通り進展した．1780年代の産業革命の開始以前に，多くの有料道路だけでなく運河も建設されており，商品の輸送が容易になり，市場の拡大が促進されたのである．

　また，イギリスは，諸外国と比べて多くの商船を保有し，広大な国外市場を

表3-1 輸送手段改善のための法令数

年	有料道路法	河川改修と運河に関する法令
1740~49	37	
1750~59	171	
1760~69	170	29
1770~79	75	36
1780~89	32	22
1790~99	71	126
1800~09	59	91

出典) Albert, W., *The Turnpike Road System in England 1663-1840*, Cambridge U.P., 1972, pp. 204~223. および Aldcroft, D. H. and Freeman, M. T. (ed.), *Transport in the Industrial Revolution*, Manchester U.P., 1983, p.106. より作成.

開拓して輸出を増加させた．輸出額は1700年の647万ポンドから1770年の1,427万ポンドに増大した．

このような内外市場の拡大につれて国内での販売や輸出がふえ，それは工業製品の輸入禁止，保護関税，工業製品の輸出関税の廃止，ポルトガルとの通商条約（メシュエン条約），植民地政策などの重商主義政策によって促進された．その結果初期資本において資本蓄積が進展し，生産量を増大させようとすると，それと同じ速さで労働力需要が増大し，これが労働力の供給を上回れば，当然労働力が不足し，賃金が上昇するのである．初期資本は，囲い込み法による第2次囲い込みによって無産の賃金労働者を創出し，高穀価政策による遊休労働力の就業強制などによって労働力の供給を増大させようとするが，この方法も1660~1760年の間に賃金労働者の供給源である独立自営農民層（ヨーマンリ）が消滅すると効果が少なくなる．こうして表3-2でも明らかなように，労働力不足によって賃金が上昇し，その上燃料である木炭の価格も上昇したため，木炭を燃料として生産された銑鉄や鍛鉄の価格も上昇するのである．

表3-2 18世紀の鉄価格（トン当たり）

年	木炭銑鉄	木炭鍛鉄
1720	6ポンド	15ポンド
92	8　10シリング	23
98	10	27~28

出典) ルードウィヒ=ベック, 中沢護人訳『鉄の歴史』第3巻第3分冊　たたら書房　1968年　369ページ

他方，17・18世紀になるとイギリスの商品は，賃金の上昇につれて価格が上昇したので，ヨーロッパ市場で賃金が安いため価格が安い後進諸国の商品によって排除されてくる．こうしてイギリスは，輸出先としてヨーロッパよりも自

国の植民地を重視する．ところがアメリカ北部植民地では本国の工業と競争する工業が発達し始め，それらの工業を抑圧する政策を強化した結果，アメリカ植民地は独立するにいたった．

このように初期資本のもとで内外にいきづまりが発生するが，それを重商主義政策は促進するばかりで，解決できないのである．労働者の賃金が上昇しても，より安い製品を生産し，利潤を獲得し，増大させるためには，労働生産性を上昇させることができる，多くの機械を発明し導入することが必要であり，それを実現させたのは，広大な内外市場の存在と初期資本のもとで蓄積された資本や豊富な労働力である．

第2節 主導部門とイギリス産業革命の特徴

イギリスの産業革命は，それまで工業の中心であった毛織物工業にかわって木綿工業を主導部門として展開した．木綿工業が主導部門になった理由は第1に，イギリスの有する広大な内外市場で綿織物の需要が多かったことである．いままでは主に亜麻織物や，とりわけ保温性にすぐれた毛織物が用いられた．しかし毛織物に比べて綿織物は洗濯が容易であり，プリントによる鮮やかな着色が可能であった．しかも軽くて肌触りがよく，吸湿性や通気性にもすぐれていた．したがって毛織物が冬用衣類や上着に適したのに対して，綿織物は夏着や下着に愛用されただけでなく，カーテンやベッド・シーツ，テーブルセンターなどにも使われ，毛織物を上回る広い範囲で用いられたのである．第2に，原料の綿花が大量に安く入手されたことである．綿花は，アメリカ合衆国の南部，インド，ブラジルで大量に生産され，輸入された．こうして多くの工業の中で木綿工業においてもっとも急速に機械の利用が進んだ．1835年の力織機の利用台数をみると，木綿工業では約11万台であったが，毛織物工業では5,000台にすぎない．こうしてそれは，最も急速に発展した．原料消費量をみると，1787年に木綿工業の綿花消費量は1万トンであり，毛織物工業の羊毛消費量は4万トンであった．ところが1833年になると綿花消費量は13万トンに達し，羊毛消

費量の 7 万トンを大きく上回ったのである．その結果，木綿工業は多くの工業部門の中でもっとも有力な工業部門，すなわち主導部門になったのである．1841年の職業人口をみると，木綿工業では38万人であったが，毛織物工業では17万人であった．また輸出額をみても，1834～6 年に綿製品は2,240万ポンドに達し，羊毛製品の732万ポンドを大きく上回ったのである．

このようにイギリスの産業革命は，木綿工業を主導部門として1780年代後半から1830年代前半にかけて行われた．このことはイギリス産業革命の第 1 の特徴として，世界で最初に行われたもので，したがって以下の分野で述べるように全体的に自生的であったことを示している．既に述べた労働者の賃金の上昇に伴なう問題や木綿工業での綿糸の不足など各工業部門に特有の問題を解決するために，民間の特に中産階級に属する人びとが新しい生産技術や機械を開発・導入したのであり，諸外国で開発された生産技術や機械に依存したのでもなければ，後進国のように先進国に追いつくために国家が組織的な援助や積極的な政策を行うなど大きな役割を果すこともなかったのである．第 2 の特徴は，産業資金を調達するためにすなわち産業資金調達の方法として，多くの場合自分や家族，親族の資金をもちよるか，数人以下の共同出資によるパートナーシップが用いられたことである．それは技術革新が部分的改良を漸次積みあげながら行われ，創業投資は比較的少額ですんだからである．

第 3 節 工　　業

(1) 木綿工業

準備・紡績・織布・仕上げの 4 つの工程の中で紡績工程から機械が導入されたのは，綿糸の不足による．18世紀はじめに織布工程にくらべて紡績工程の労働生産性が低かったが，さらにジョン=ケイが1733年に飛杼を発明すると織布の労働生産性が倍増して綿糸はさらに不足した．

まず，1765年に織布工で大工でもあるジェームズ=ハーグリーブスがジェニー紡績機を発明した．これは小型で手動であり値段も安いため，紡績工の家内作

業場に急速に普及した．この紡績機でつくられた糸は弱く，横糸に使われた．1769年には理髪師で毛髪取引きをはじめたリチャード=アークライトが縦糸に使える強い糸を生産できる水力紡績機を発明した．こうして横糸に綿糸，縦糸に亜麻糸を使ったファスチアン織にかわって，イギリスでも縦糸・横糸ともに綿糸を用いた純綿の綿織物（キャリコ）の大量生産が可能になった．しかも水力紡績機は，水力を動力としたので，最初から能率の高い大型の工場用機械として使われ，工場制生産を実現したのである．最後に，1779年に小自作農の家に生まれたサミュエル=クロンプトンがミュール紡績機を発明した．これは細く，強い綿糸を生産できたので，イギリスでもはじめてモスリンのような高級綿織物の大量生産が可能になった．同紡績機はしだいに改良されて大型化し，18世紀末には蒸気力を動力として工場に設置された．19世紀初頭にはミュール紡績機はジェニー紡績機や水力紡績機よりも広く普及し，全紡績機の大部分を占めた．

　このように紡績工程で機械が用いられると，織布の労働生産性が紡績のそれよりずっと低くなり，綿糸は過剰になってその価格は大幅に下落し，他方では綿織物の需要が多かったので，織布の仕事に対する需要はますます多くなり，織布は一時きわめて有利な手仕事になった．このため手織工の賃金が上昇したので，手織工になる人びとが増大し，家内手織工に対する前貸問屋制が一時広く普及した．

　こうして新たな障害になった織布工程の低い労働生産性を打開したのが，1785年に牧師であったエドマンド=カートライトが発明した力織機である．力織機は，表3－3の示す通り，19世紀初頭にいたるまでは普及し

表3－3　力織機の台数と手織工の数

年	力織機台数 (1,000台)	織布部門の工場労働者数 (1,000人)	手織工数 (1,000人)
1813	2	3	212
1820	14	11	240
1829	69		240
1833	100	75	213
1835	108		188

出典）永田正臣『増補改訂イギリス産業革命の研究』
　　　ミネルヴァ書房　1979年　201, 206ページ

なかった．しかし，1820～30年代には急速に普及し，他方では手織工数は減少して，1830年代前半には手織機にかわって力織機が用いられるようになり，織布工程でも工場制生産が実現したのである．

　以上のような技術革新の結果，まず工場制生産が成立し，木綿工場の規模が拡大した．1833年の工場調査によればランカシアの151工場の内，46工場が200～500人，30工場が500人以上の労働者を雇っていた．第2に，工場の機械設備が大型化するにつれて，固定資本投資額が増大した．第3に単に生産量が激増したのみでなく，労働者1人当たりの生産量が増大した．第4にこうして製品1単位当たりの生産費が減少し，その結果綿糸や綿織物の価格が大幅に下落した．第5にまた綿織物の品質も大幅に向上した．この3，4，5は工業化のプラスの面であり，綿織物を大いに普及させることになったのである．最後に，こうした綿織物の生産量の増大や，その価格の下落と品質の向上，およびインド綿織物に対する高率の輸入関税は，イギリスとインドとの間の綿織物の流れを逆転させ，イギリスを綿織物の輸入国から輸出国にかえるにいたった．

(2) 製鉄業

　木綿工業の発達は，製鉄業などの発展をうながした．というのは木綿工業で蒸気機関によって動かされる紡績機や力織機などの鉄製作業機が発達するにつれて，鉄の利用が増大したからである．このように産業革命期に鉄の利用が急速に増大したことや，次に述べる鉄鉱石から銑鉄をつくる工程と，銑鉄から鍛鉄（錬鉄・棒鉄）をつくる工程とで技術革新が行われたことによって，製鉄業は急速に発達した．

　まず銑鉄工程で1709年に鋳鉄容器製造業を営むA.ダービーがコークス製鉄法を発明した．今までは燃料として木炭が，動力として水力（水車）が使われていたが，コークス製鉄法の発明によって燃料が木炭からコークスに代ったので今まで銑鉄の生産を制限していた燃料（木炭）不足による価格上昇が解決された．また送風器を動かすのに必要な水力が不足する夏の数カ月間溶鉱炉の操業を中止し，10月から5月まで年間30週操業するのが普通であったが，コーク

ス製鉄法の発明とともに送風用動力機も水車から蒸気機関にかわり，動力（水力）の不足が解決された．表3-4の示す通りコークス炉の数はしだいに増大し，18世紀末にはコークス銑鉄が生産される銑鉄の大部分を占めたのである．また1828年

表3-4 溶鉱炉数と銑鉄生産量

年	溶鉱炉数		コークス銑鉄生産量 (1,000トン)	銑鉄生産量 (1,000トン)
	木炭 炉数	コークス 炉数		
1750年頃	71	3	1.5 (5%)	28
1760年頃	64	14	10 (28%)	35
1785年頃	28	53	48 (77%)	62
1791年	22	85	81 (90%)	90
1806年	11	162	258 (97%)	266
1830年				678

注）（ ）内はコークス銑鉄の全生産量に占める割合
出典）Hyde, C.K., *Technological Change and the British Iron Industry 1700-1870*, Princeton U.P., 1977, p.67, 137, および Scrivenor, H., *History of the Iron Trade*, Augustus M.kelley, 1967, p.99. より作成．

にはJ.B.ニールソンが熱風炉をもうけ溶鉱炉に熱風を送る方法を発明した．それは燃料のコークスを節約して燃料費を減少させ，また溶鉱炉の作業をスピードアップさせただけでなく，溶鉱炉の規模を大型化し生産量を増大させた．

次に鍛鉄工程では，1784年にヘンリー＝コートがパドル圧延法を発明して木炭のかわりに石炭を使うようになり，燃料不足が完全に解決された．また蒸気機関によって動かされる圧延機で鍛造・成形されて完成品の棒鉄または板鉄が生産されるようになり，動力（水力）の不足も完全に解決された．以上の発明によって銑鉄工程と鍛鉄工程の2つの工程で燃料が木炭から石炭（コークス）に，動力機が水車から蒸気機関にかわったのである．

以上の技術革新の結果，まず第1に製鉄所が，従来は水流があり木炭の産出するところにおかれ全国に分散していたが，鉄鉱石と石炭の産出する地域に集中して発展した．その地域は，南スタフォードシア，南ウェールズ，スコットランドの3つである．第2に製鉄所の規模が拡大し，1製鉄所当たりの労働者数が増大した．それは溶鉱炉が大きくなり，製鉄所内の溶鉱炉数が増大したからである．第3に銑鉄・鍛鉄の生産量が激増し，それらの生産でイギリスは世

界第1位になった．第4に燃料費が大幅に節約され，また溶鉱炉や鍛鉄工程の圧延機に蒸気機関が利用されるようになるにしたがい労働生産性が飛躍的に向上して，生産費が引き下げられ，こうして表3-5が示すように鉄の価格が大幅に下落した．第5に安く大量の鉄が供給されるようになり，鉄製品，とくに鋳物が普及するようになった．鋳物ならば型に溶かした鉄を流し込むことによって鍛鉄では想像もできないほど容易に，より高価な鍛鉄でつくるよりもずっと安くいろいろの形状のものをつくることができる．また同じ型から同寸同型の鋳物を多数つくることもできるのである．こうして蒸気機関用のシリンダーなど各種の機械器具の部品，橋などの建造物の構造材，武器，さらに家庭用品としてやかん，料理用大鍋などが安く大量に鋳物でつくられるようになった．このように安い大量のより良質の鉄の生産が鉄の用途を広げ，鉄が生産財のみでなく消費財にもますます多く使われるようになった．この第3，第4，第5の3点は工業化のプラスの面であり，多くの工業発達の基盤となった．最後にこうして安く大量に鉄を生産できるようになり，鉄鋼の輸出は1750年の9,708トンから1804〜6年の3万4,973トンに増大したが，輸入は銑鉄・鍛鉄あわせて1750年の3万8,000トンから84年に4万8,800トンに，さらに1804〜6年には2万7,900トンに減少しており，イギリスは18世紀には鉄の輸入国であったが，19世紀初頭には輸出国に転換したのである．

表3-5　銑鉄・棒鉄の価格下落（トン当たり）

年	銑鉄(ミッドランド)			棒鉄(リヴァプール)		
1801	6ポンド	15シリング	0ペンス	…		
1805	6	8	0	…		
1806	6	15	0	17ポンド	10シリング	0ペンス
1810	6	6	0	14	10	0
1815	5	0	0	13	5	0
1820	4	10	0	11	0	0
1825	7	10	0	14	0	0
1830	3	8	9	6	12	6
1835	…			6	10	0

出典) Mitchell, B.R., *Abstract of British Historical Statistics*, Cambridge U.P., 1976, p.492

(3) 機械工業

以上のように多種類の機械が大量に用いられるとそれらを大量に生産することが必要になり，こうして機械の製造が1つの工業部門として独立して機械工

業が成立し，産業革命も終期を迎える．機械が専門の工場で生産され，機械工業が成立するには，まず機械の大量利用に応じて需要が増大し，次に機械を正確な基準にしたがって精密に大量生産できるようにすることが必要で，そのためには工作機械が発明され導入されなければならない．

まず工作機械の発明をみると，1775年にウィルキンソンがシリンダー中ぐり盤を発明した．94年にはモズレーが刃物を人力で操作するのではなく，それを送り台に固定する送り台の原理を発明し，97年にこれを応用したネジ切り旋盤を発明した．また1817年のロバーツによる金属用平削盤などの発明があった．

動力機の発明・製造　　グラスゴー大学の数学機械製造人であったワットは1775年に，1712年ニューコメンが発明した気圧機関の欠点を解決した蒸気機関を発明した．1781年にはピストンの往復運動を回転運動に変えることに成功して，蒸気機関は排水ポンプから動力機として広く利用されるものになった．こうして1775年に発明された直後蒸気機関は，それを利用する鉱山企業などで組立てられたが，1781年以後蒸気機関が広く利用されるようになると専門の工場で生産された．ワットは，ボールトン=ワット商会を設立して蒸気機関を製造して販売した．19世紀に入ると，同商会だけでなく，ピール=ウィリアムス商会，P. フェアバーン，J. ネイスミスなどが蒸気機関を製造し，こうして動力機は，専門の機械製造工場でさまざまな工作機械によって大量に生産されるようになった．

作業機の製造　　1820年代に紡績機や力織機などの作業機が蒸気機関によって動かされるようになるとともに木製から鉄製に変わり，この頃から紡績会社自身が，その内部で手作業で行っていた紡績機の製造が独立の部門になった．ランカシアなどには，ドブソン・アンド・バーロゥ工場やリチャード=ロバーツ工場のような機械製造工場ができ，ランカシアの機械製造工場が，イギリスでもっとも大規模になった．

こうして1830年代には機械工業が成立して（工作）機械による機械の大量生産が行われ，国内の産業で必要な機械を生産しただけでなく，外国へも輸出す

るようになり，1830年代後半に輸出額は50万ポンド以上に達した．

第4節　輸送革命

(1)　有料道路の建設と馬車輸送

　工業が発達するには原材料や工業製品の円滑な輸送が必要になるので，工業の発達とともに輸送手段の改善が行われる．表3－1の示す通り有料道路の方が運河よりも先に建設されたので，有料道路を先にとりあげる．産業革命の以前にも管理組織である受託者団（trustee）に，道路の建設や補修をして道路利用者から通行料を取ることを許可する有料道路法に基づいて多くの有料道路が建設されたが，産業革命期に建設されたものも少なくない．それは1770年に2万4,000キロであったが，1820年には道路の総延長キロ数20万1,000キロの16%を占める3万2,000キロに達した．ロンドンを中心に商業と工業の重要な中心地は，ほとんど有料道路で結ばれ，全国的な有料道路網が完成した．しかし有料道路を利用した馬車輸送には，重い商品やかさばる商品を大量に輸送できない欠点があった．

(2)　運河の建設と船舶輸送

　重い商品やかさばる商品を大量により安く輸送する手段として，株式会社組織を採用した運河が産業革命以前にも建設されたが，産業革命期とくに1792～94年には運河建設熱が高まり，多くの運河が建設された．イングランドとウエールズの運河を含む内陸水路は1830年に6,240キロに達し，主要都市を結ぶ全国的な運河網が完成した．こうして運河による船舶輸送が発達し，石炭や綿花・鉄・小麦などの原材料・工業製品・食料をより大量に輸送できるようになった．しかし運河による船舶輸送は，日照りや洪水・凍結によって制限され，また有料道路を利用した馬車輸送に比べると速度が遅く，運河の建設場所も国土の自然条件によって制限されるなどの欠点があった．

(3)　鉄道の出現と鉄道輸送

　工業の発達に伴なって重い商品やかさばる商品を安く早く大量に輸送でき，

しかも進行の規則性にすぐれているなどの長所をもつ鉄道が必要となるにいたった.また工業の発達が鉄道を出現させることにもなった.すなわち鉄道は,多くのレール(鉄製品)と機関車(機械類),燃料(石炭)を必要とするので,鉄道の出現はそれらを生産できるまでに製鉄業・機械工業・炭鉱業などが発達していることを示しており,産業革命の仕上げと考えることができる.

図3-1 スティヴンソンの蒸気機関車ロケット号

出典) Science Museum, *50 Things to See.*

1825年にストックトン-ダーリントン鉄道が開通したが,この年蒸気機関の機関手であったスティヴンソンが走らせた蒸気機関車「ロコモーション号」は石炭消費量が多いだけでなく,速度も遅く蒸気機関車と馬の両者が走行した.1830年にはスティヴンソンの蒸気機関車「ロケット号」が走ったリヴァプール-マンチェスター鉄道が開通した.「ロケット号」では石炭消費量の減少と速度の向上(時速48キロ)に成功したので,当初から常時機関車が利用され,本格的に鉄道時代が開始された.

しかし1834年の鉄道営業キロ数はまだ480キロで,産業革命期には鉄道建設

は開始されたばかりであった．それゆえ，産業革命期に鉄道が輸送手段として果した役割は小さく，またレール・機関車・石炭などの工業製品を大量に利用するまでにはいかなかったのである．このように産業革命期における輸送革命は，有料道路を建設してそれを利用した馬車輸送の発達，とりわけ運河を建設してそれを利用した船舶輸送の発達が中心であり，イギリス産業革命でフランス・ドイツ・アメリカ合衆国・日本などの後進諸国と異なる点は，まずそれが輸送革命を部分的に含むことである．次に有料道路・運河・鉄道といった輸送手段に対する計画・投資が，商人・地主などの民間の人びとによって行われたことである．すなわち，国家の援助や介入を受けないで，民間の人びとによって大量輸送を必要とする工業の発達に不可欠なインフラストラクチャー（経済基盤）の整備が行われたことである．

第5節　外国貿易と技術移転

この時期の諸外国との関係は，外国貿易や新しい生産技術・機械の移転などによるもので，資本投資などは多くはみられない．産業革命によって安く大量に工業製品が生産されるようになり，多くの工業製品を輸出し，それの生産に必要な多くの原材料を輸入するようになった．工業製品の輸出は1784〜6年の1,119万ポンドから1834〜6年の4,208万ポンドに激増し，また原材料の輸入も1784〜6年の992万ポンドから1834〜6年の4,766万ポンドに激増した．こうして産業革命期の貿易構造に大きな変化が生じた．輸入では，1784〜6年から1834〜6年にかけてインドの綿織物などの工業製品の比率が14.2％から2.7％に，砂糖・茶などの食料の比率が42.2％から29.4％にそれぞれ減少し，反対に綿花などの原材料の比率が43.6％から67.8％に大きく上昇した．輸出では，同じく1784〜6年から1834〜6年にかけて工業製品の比率が82.2％から91.1％に上昇したが，とくに注目されるのは綿製品の輸出額が大きくのび，増加している羊毛製品のそれをはるかに上回ったことである．反対に食料・原材料の比率はともに低下した．以上のように産業革命の初期においても主に食料と原材料を

表3-6 イギリスの国際収支 1816～35年　　(単位100万ポンド, 年平均)

年	貿易収支 (A)	貿易業務・保険・サービス・海運等の収支 (B)	その他の収支 (C)	(A)+(B)+(C) 計 (d)	利子・配当収支 (e)	(d)+(e) 経常収支
1816～20	−10.58	18.84	−2.78	5.48	1.74	7.22
1821～25	−7.8	16.36	−2.46	6.10	4.24	10.34
1826～30	−14.76	15.38	−2.64	−2.02	4.60	2.58
1831～35	−12.52	17.02	−3.5	1.00	5.38	6.38

出典) Imlah, A. H., *Economic Elements in the Pax Britannica*, Harvard U. P., 1958, pp.70-71

輸入し，工業製品を輸出していたが，末期になると輸入では原材料の比率が，輸出では工業製品の比率が共に上昇して，ますます工業国型の貿易構造が強化されたのである．

またこの時期の国際収支で注目すべき点は，産業革命が進行し，外国貿易が発展するにつれて貿易収支が赤字になったことであり，この赤字を埋め合わせたのが海運や保険などのサービス収入，および海外投資から生じる利子・配当収入であった．貿易収支の赤字は，主に機械の導入による生産費の大幅な低下によって実現された主として綿製品の価格の下落によって発生したものである．

技術移転については，1774年以降機械輸出禁止政策が本格的に展開されはじめ，1795年法によって禁止政策体系が完成し，紡績機・力織機などの輸出が禁止になり，技術者・熟練職人の海外移住も禁止された．その後1824年に技術者・熟練職人の海外移住が自由化され，1825年にW.ハスキッスンによって機械輸出許可制が採用されたが，機械輸出が完全に自由化されたのは，1843年になってからであった．しかしすでに序論で述べたようにイギリスで開発された新しい生産技術や機械，技術者たちがさまざまな非公式のルートで海外に流出したのである．

なお，ナポレオン戦争後，卓越した工業力をバックに富を蓄え，かなり活発に外国へ投資するようになり（1830年で1億1,000万ポンド），それによる利子・配当収入が経常収支の黒字に貢献するようになった．

☞ 学習の課題

1. 技術革新によって木綿工業や製鉄業などの工業生産にどのような結果がもたらされたろうか.
2. 木綿工業や製鉄業などの工業の発達が, 輸送手段の発達に対してどんな影響を与えるようになったか調べてみよう.
3. 産業革命が, 生産組織に及ぼした影響だけでなく, 人びとの生活や政治など政治的・経済的・社会的に及ぼした影響について考えなさい.

📖 参考文献

- 安部悦生『大英帝国の産業覇権──イギリス鉄鋼企業興亡史──』有斐閣　1993年
- 林達『重商主義と産業革命』学文社　1989年
- B.トリンダー（山本通訳）『産業革命のアルケオロジー』新評論　1986年
- 荒井政治・内田星美・鳥羽欽一郎編『産業革命の世界』全3巻　有斐閣　1981年
- 角山栄編『講座西洋経済史』Ⅱ（産業革命の時代）同文舘　1979年
- 永田正臣『増補改訂イギリス産業革命の研究』ミネルヴァ書房　1979年
- 中沢護人『鋼の時代』岩波書店（岩波新書）　1979年
- P.デイーン（石井摩耶子・宮川淑訳）『イギリス産業革命分析』社会思想社　1973年
- 堀江英一編著『イギリス工場制度の成立』ミネルヴァ書房　1971年
- 吉岡昭彦編著『イギリス資本主義の確立』御茶の水書房　1968年

第4章　19世紀のイギリス経済
──工業化の第2局面──

　産業の変化のペース・メーカーといわれた木綿工業は，最初の近代的な工業都市としてマンチェスターとその周辺の地域経済を形成し，その後，1870年代にいたる時期までにそれ以外の産業地域に「機械制大工業」という新しい生産形態にもとづく産業社会を築き上げることに成功したのである．このような大きな社会の転換をいちはやく成しとげたイギリスは，他国の追従をゆるさない高い工業生産力をもつ「世界の工場」といわれ，ヴィクトリア女王の時代（1837〜1901年）をつうじてアメリカ，ドイツ，フランスなどの工業国とともに国際経済競争の渦中にアジア，アフリカ，ラテン・アメリカ諸国を捲き込んだのである．こうした自由主義経済を基盤とする国際社会の枠組みを形成したのが，1840年代に始まる工業化の第2局面の時期であった．

第1節　製鉄業・鉄道

(1)　製鉄業

　イギリス製鉄業における発明と改良は，18世紀中にそのほとんどが達成されていた．ナポレオン戦争（1793〜1815年）は，銃砲製造，鎖および錨製造などの軍需品製造部門でのイギリスの製鉄業が大陸諸国の製鉄業よりも優れていたことを明らかにしたのである．戦争終了後しばらく不況がおとずれ，新たな需要として建築，橋梁，機械，運河ボート，ガス・水道管，ガス灯の柱などに鉄需要を見いだしたけれども，その伸びはたいしたものとはいえなかった．イギリスの製鉄業に再び活況をもたらしたのは，1830年代と40年代の2度にわたって有利な投資先を求めた「鉄道熱」といわれる鉄道建設ブームの到来であった．

表4－1　イギリス4大産業の産出高

	木綿工業原綿消費高（百万ポンド）	炭鉱業産出量（百万トン）	製鉄業銑鉄産出高（千トン）	造船業	
				帆　船（千トン）	蒸気船（千トン）
1850～4年	705	*62.5	*3,398	134.1	115.4
1870～4年	1,198	121.3	6,378	100.9	295.5
1890～4年	1,583	180.3	7,285	155.6	461.5
1909～13年	1,934	269.6	9,616	28.5	751.9

*の数値は，1854～8年のものである．
出典）*Abstract of British Historical Statistics*, P.S.バグウェル・G.E.ミンゲイ著（東井正美・原田聖二・加勢田博訳）『比較経済史』ミネルヴァ書房　1975年　152ページより作成

　この大いなる鉄需要にこたえる技術的な発明は，1828年に特許をとったジェイムズ＝ニールソン（1792～1865年）の熱風炉であった．この発明は翌年にグラスゴーのクライド製鉄所で実施され，その後何度か改良を重ね1832年にはじめて工業的設備として完成した．ニールソンの発明の特徴は，鉄の溶錬で冷風にかわって熱風を使用することによって燃料を節約し，他の重要な資源を鉄の溶錬に利用できるようにしたことである．この資本節約的な熱風炉は，同じ量の燃料で3倍の鉄が溶錬できるとあって，いくらか最初は抵抗があったけれども多くの製鉄業者によって支持され，1835年までには広く普及し一般化したのである．

　しかし，製鉄業における真の技術革新は鉄鉱石に含まれる炭素，珪素，マンガン，燐などの不純物を取り除く製鋼法の発明をまたなければならなかった．それは1860年代から70年代にかけて発明されたヘンリ＝ベッセマー（1813～98年）のベッセマー転炉法，フレデリック＝シーメンス（1826～1904年）とチャールズ＝ウィリアム＝シーメンス（1823～83年）兄弟のシーメンス平炉製鋼法，シーメンス兄弟とマルチン父子のシーメンス・マルチン平炉法，シドニー＝ギルクリスト＝トーマス（1850～85年）の塩基性炉法によって実現したのである．

　こうして従来の滲炭法あるいは坩堝（るつぼ）法によってしか得ることのできなかった鋼鉄が，非常に安い費用で大量に生産できるようになり，もろくて折れ易い鋳鉄や劣質の錬鉄にとってかわったのである．鋼鉄は消費財だけでな

く生産財として輸送手段(船舶,鉄道)や機械製造(機関,機械),建築構造材(建物,橋梁)としての需要が飛躍的に増大し,「鉄の時代」から「鋼の時代」へ移行したのであった.

(2) **鉄道**

一国の経済発展にとって鉄道のおよぼす影響にははかり知れないものがあり,それは株式会社の設立による新たな信用創造と資本市場の拡大,そして製鉄業,炭鉱業,機械工業などの資本財生産部門における産業資本に多大の新規需要をもたらしたのである.鉄道は船舶とともに産業革命期のあらゆる技術革新の集大成の生産物であり,人間と物の移動の大量かつ高速化をあらわし,こうした国民経済のストックとしてインフラストラクチャーの整備が国内の地域経済や政治,文化に与えたインパクトはかつてない大きなものであった.同時代のドッグ・鉄道・生命保険などの会社の創設や経営にあたった実業家で経済学者のトーマス=トゥーク(1774～1858年)は,1846年から5年間におそらく平均60万人以上の労働者が鉄道建設に従事して生活をたてていたと考えた.この労働者数は,この時代のイギリスの他の工業に雇用されていた全労働人口に等しい数であった.

1830年から50年の20年間に二度にわたる「鉄道熱」(1835～7年と1845～7年)といわれる鉄道建設ブームが起こり,総延長およそ6,000マイルにおよぶ鉄道の敷設による経済効果が国内に大量の資本投資と雇用を創出し,当時ヨーロッパ大陸で起こっていた政治的・経済的危機をイギリスは「鉄道熱」によって容易に切り抜けることができたのであった.19世紀の50年代にイギリス国内の鉄道網はその基盤を確立したといわれ,鉄道建設が投資家や実業家に与えた利益の魅力は2億4,000万ポンドの投資を生みだし,この爆発的な鉄道建設投資によってイギリスはアメリカや他のヨーロッパ諸国よりも有利に経済発展を実現したのである.

1886年までに1万6,700マイルの国内鉄道網を完成したイギリスは,鉄道主導型の工業化を目指していたアメリカ,フランス,ドイツなど巨大な資本需要

94

図4-1 イギリス鉄道網 (1850年頃)

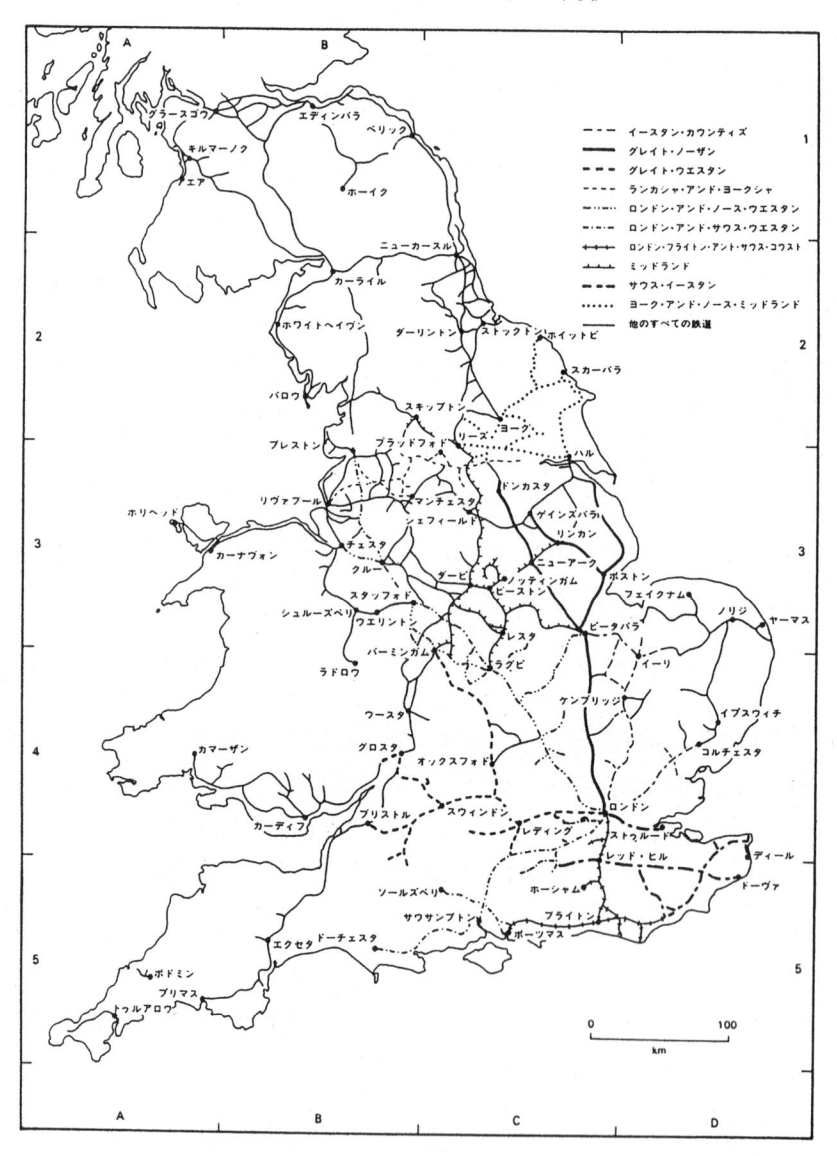

出典) レックス゠ポウプ編 (米川伸一・原剛訳)『イギリス社会経済史地図−1700年から現代まで』原書房 1991年 106ページより転載

をもつ国ぐにへ鉄道敷設技術の海外移転と資本輸出および資本財輸出を活発に行った．1870年までに7億ポンドに達した海外投資および鉄道，鉄鋼，機械などの資本財輸出の飛躍的な発展は，「ヴィクトリア朝の繁栄」を特徴づけるものであった．

第2節　木綿工業と「棉花飢饉」

　産業革命も終わりに近い1825年に1台で500錘を紡ぐことのできる自動式ミュール紡績機がリチャード＝ロバーツ（1789～1864年）によって完成し，その後，1832年にエヴァン＝リー（1811～76年）が玉揚げをする機構の簡易化によって2台のミュール機を同時に稼働することに成功し，1人の紡績工で1,200錘が操作できるようになった．こうした紡績工程の技術革新に比べて織布工程の技術革新は遅れをとっていたが，ロバーツの力織機（1822年頃）以降ようやく1834年に緯糸が切断した時の自動停止装置の特許をラムズボトムとホルト（1834年頃）が取得し，さらにケンワージとブラウ（1841年頃）が改良を加え，1842年ブラウが力織機の即時停止装置を完成したことによって，1人の織布工で同時に多数の織機を管理することが可能になったのである．

　1850年代までには鉄製の高性能の力織機が木綿用手織機を駆逐するようになり，1860年にはランカシアおよび周辺の木綿工業地帯におよそ2,000を数える綿織物工場が営業しており，そこでは2,150万錘の紡績機と30万台を超える力織機が稼働し，約50万人の労働者が働いていた．こうしてイギリスの経済発展を推進してきた4大産業の1つであった木綿工業は，機械化によって数百倍あるいは数千倍に生産力を増大させたことになり，1848年すでに1,642の企業のうちおよそ330社が株式会社組織を導入していたのである．

　19世紀半ばすでにアメリカ北部諸州，ヨーロッパ大陸諸国，インドにおいて木綿工業の発展がみられたが，イギリス木綿工業は技術革新による大量生産を基礎にした生産費の安い製品のヨーロッパ大陸，アメリカ，ブラジル，アルゼンチン，インド向け輸出によって国際的に優位にたっていたのである．1860年

綿製品の輸出額は5,200万ポンドを超え，輸出総額の38％を占めていた．こうして輸出産業として発展した木綿工業は世界の原棉供給量のうちイギリス一国で約半分を消費し，その輸入額は3,500万ポンドで輸入品目のなかでもっとも大きかった．

しかし，これまで順調な発展を遂げてきたイギリス木綿工業は，1861年に始まる南北戦争の勃発によって危機に立たされたのである．それは原棉輸入の75％以上をアメリカ南部のプランテーションに依存していたからであり，ランカシア木綿工業は「棉花飢饉」といわれるパニックに陥ったのである．リヴァプールの棉花市場価格は暴騰し，1862年には前年の2倍に上昇した．こうした事態を打開するために新たな棉花供給国としてインド，西インド，ブラジル，エジプトなどに求めたが，積極的な効果は期待できなかった．なかでもイギリスにとって第2の供給国として重要な役割を果たしていたインド棉の輸入量は急増したが，アメリカ産の棉花にくらべて太くて短い繊維のインド棉花では不充分であったのである．

ランカシア木綿工業の「棉花飢饉」による影響は，1861年11月の49工場の操業停止と 119工場の操業短縮に始まり，その後の数年間はかつてない大きな試練を経験することになったのである．この試練は資本家よりも労働者に大きくのしかかり，失業と生活困窮を強いることになったのである．

第3節　高度集約農業

イギリスは，産業革命の進行とともにかつての大量の穀物輸出国であった状態から一転して，工業人口の増大と都市化の急激な進行によって年ごとに穀物輸入量は増大したのである．1830年代にはイギリスで消費される食糧の90％を超える生産が確保できたのであるが，1840年代になると自由貿易運動の高まりとともに，穀物法廃止（1846年）だけではなく肉や家畜に対する保護主義的な政策が廃止され，地主や借地農業者は外国農産物との市場競争に脅威を感じるようになったのである．しかし，こうした地主や借地農企業家たちの危惧は実

際に起こることもなく，農産物の市場価格は十分に高い水準を維持したのである．

　19世紀半ばの一連の保護主義的な政策の大きな転換にもかかわらず，イギリス農業が活況を呈した原因をいくつか挙げることができる．まず，これまでヨーロッパの農産物市場に供給国として重要な役割を果たしてきた穀物生産地域が戦争状態（クリミア戦争1853～6年，アメリカ南北戦争1861～5年，普仏戦争1870～1年）に入り，これらの戦争は輸出産業としてのイギリス農業に有利に作用したからである．次に，工業化の進展にともなって高い賃金を獲得する機会の多い工業都市の労働者層の食生活の向上であり，食卓には肉，牛乳，チーズなどの多量の消費がもたらされたことである．最後に，1838年の王立農業協会の設立と1843年のローザムステッド農業試験場の設置によって，農業にも高額の資本投資を必要とする技術革新の波が押し寄せたことである．

　2度にわたる鉄道建設ブームの到来によって，農産物市場における安定した需要の確保とその拡大に対する期待感が一層高まり，1840年代以降の40年間は地主と借地農業者に新しい農業経営をめざした投資が活発化した時期であった．1843年には粘土質の土地の耕作に不可欠の排水施設として円筒状の排水パイプをつくる機械が設計され，政府の排水事業助成によってこのような排水パイプが急速に普及し土地改良に役立った．また，18世紀以来のノーフォーク四輪栽式農法による家畜飼料（根菜類，ツメクサ）の不安定な供給によって生ずる厩肥不足と地力回復の困難を克服したのが，トウモロコシ，豆類，大麦などの補助飼料の輸入とペルー産グアノ（海鳥糞），チリ硝石，燐酸塩鉱石などの輸入による化学肥料の製造技術の発明・改良であった．さらに，穀物や家畜の品種改良と中耕機（1851～6年），鋤（1857年），鍬，刈取脱穀機，唐箕（とうみ）機，蕪（かぶ）や藁の細断機，排水や干拓に動力として蒸気機関が導入され，資本家たちは競ってこれらの農業部門に投資したのであった．

第4節　自由貿易運動と経済構造の転換

(1) 自由貿易運動

　産業革命以降のイギリス政府がとった経済政策の特徴は，自由放任の成立とその衰退の歴史としてとらえることができる．1830年代の終わりから新しく誕生した商工業者（中産階級）と地主（貴族階級）間の利害調整の政治的解決が急務となり，1842年のサー＝ロバート＝ピール（1788～1850年）による第1次関税改革で原料は5％，半製品は12％，完成品は20％にそれぞれの輸入関税を引き下げ，翌年には機械輸出の自由化が実現し，1845年の第2次関税改革では棉花，麻，鉄，鉄鉱石などの基本原料の輸入関税が撤廃され，1846年の第3次関税改革では木材など残りの原料の輸入関税が撤廃され，綿織物・毛織物・麻織物の輸入が免税になり，その他の製品輸入は10％の関税を課す改革が行われたのである．そして，この年に1663年の農業助成法の施行以来およそ180年の長い間，イギリス重商主義の柱として機能してきた穀物法が廃止されたのである．

　このようなイギリスの自由貿易運動は他のヨーロッパ諸国にも影響をおよぼし，1860年の英仏通商条約（コブデン・シュヴァリエ条約）にみられる互恵的な関税の引き下げによってイギリス産業に広大な市場を約束することに成功し，ここにイギリス自由貿易運動の勝利が確定したのであった．この条約は，1.イギリスはフランス工業製品の輸入関税を撤廃し，ワインなど酒類の植民地特恵を廃止し，フランス産酒類の輸入に不利な条件を撤廃する．2.フランスはイギリス繊維製品の輸入禁止を撤廃し，石炭，機械，鉄鋼など生産財の輸入関税を引き下げ，完成品の輸入関税を最高30％にする．3.イギリス，フランスの両国は相互的な「最恵国待遇」を約定するという内容のものであった．

　このような自由主義的政策は，工業部門における技術革新の成果とさらにこの時代の農業技術の改良と革新が高度集約農業を確立し，「黄金時代」を迎えたイギリス農業の国際的優位性によってこの政策は支持されたのであった．

(2) 経済構造の転換

イギリスの自由貿易の流れは，「大不況」(1873〜96年)を機に大きく変化したのであった．1873年の恐慌とそれに続く長期の不況は，自由貿易運動を積極的に支持してきた産業資本家や商人グループと，保護主義的であったけれども高度集約的農業への転換によって利益を手にすることのできた地主や借地農企業家グループの双方に大きな打撃をもたらしたのである．その大きな要因は，これまで「世界の工場」として君臨してきたイギリスに対して，新しい強力な競争国が国際市場に登場してきたことである．とくにフランス，アメリカ合衆国，ドイツが比較的急速に工業化を達成し，工業製品，農産物，原料の輸出入をめぐる国際競争の激化が各国の強力な経済的ナショナリズムを生みだしたのである．

こうした各国の動きは自由貿易を放棄し，再び保護関税を設定しようとする潮流となって19世紀後半の停滞的で保守的な国際経済と植民地経済に強力に依存する体制へと変化させていくことになった．関税障壁によって自国工業を保護しようとする動きは，オーストリア(1874, 75年)，スペイン(1877, 91年)，ドイツ(1879年，いわゆるビスマルク関税)，アメリカ合衆国(1883年，保護関税法)，イタリア(1887年)，フランス(1892年，メリーヌ関税)へと連鎖的に拡大していったのである．また，農業保護の関税障壁もドイツでは1879年のビスマルク関税(したがって，この関税は農工業の「連帯保護主義」関税と呼ばれ，85年，87年と関税率が上昇した)が，フランスでも農業保護関税(1885年，88年，94年と引き続き関税障壁が高くなっ

表4-2 イギリス国民資産の構成比

	1789年	1812年	1832年	1885年
① 土　　地	55.0	54.2	54.1	5.2
② 農　　地	8.7	9.3	9.2	18.1
③ 不 動 産	13.8	14.9	14.1	22.1
④ 海外資産	*	*	4.7	8.2
⑤ 鉄道投資	20.8	19.8	16.2	10.5
⑥ 工業・農業・金融資産				30.2
⑦ 公共投資**	1.7	1.8	1.7	5.7

＊僅少　＊＊軍用資産・軍用道路は含まない．
出典）ミシェル=ボー著(筆宝康之・勝俣誠訳)『資本主義の世界史』藤原書店　1996年　159ページより作成

た）が並行して実施されたのである.

　このような国際経済の状況のもとで，イギリス国内には激しい危機に見舞われた地主や借地農企業家たちの間から保護貿易の復活の声があがったが，必ずしも国内の農業全般の危機ではなかった．それはとくに穀物と羊毛の生産では大きな打撃を蒙ったけれども，牧畜や酪農は危機を免れることができ，以後イギリス国内の農業構造は比較的傷つきにくい牧畜，酪農，鶏卵，果樹，菜園の経営へ転換したのであった．このようなイギリス農業構造の転換は，地主貴族と旧いジェントリ社会に根本的な変化をもたらしたのであり，彼らの所得は都市不動産，鉱山業，工業，金融，植民地への株式投資へ振り向けられるようになったのである.

　1890年代になるとアメリカ合衆国とドイツの台頭によって，かつての「世界の工場」としてのイギリス工業の覇権に陰りがみえ始め，工業界では同業種内の水平的統合か関連業種間の垂直的統合による企業合併を活発に推進し，こうした企業集中によって国際競争力の強化をはかったのである．そして，国内の余剰資本はアジア，アフリカ，ラテン・アメリカの発展途上国や植民地に投資され，イギリス本国に大きな富をもたらしたのであった．

第5節　イギリス資本主義のボーダレス化

　産業革命の成果である高い技術力に基づいた工業生産力と農業生産力を背景としてイギリス経済が「自由放任（レッセ・フェール）」の勝利，あるいは「ヴィクトリア時代の栄華」といわれた1850年代から1873年の「大不況」までの時代を築いたのは，いうまでもなく地主階級が穀物生産とは別の有利な投資先としてターン・パイク（有料道路），運河，港湾施設の建設に投資したことによる早期の社会資本の基盤整備に大きく依拠している．19世紀前半までにイギリス国内のインフラストラクチャーの基本的な整備が完了し，19世紀後半に株式会社制度が広く普及するまでは，1830年代と40年代の「鉄道熱」の時期に巨大な創業資金を必要とした鉄道業や製鉄業，鉱山業などを除けば，イギリス工業の

創業の形態は自らの資金と不足分は親戚や友人から借りうけて創業を開始するといった私企業の性格がかなり色濃いものであった．

この時期すでにイギリス国内の余剰資本は新しい投資先を求めており，

表4－3　イギリスの国際収支と海外投資先

① 国際収支(百万ポンド)	1850年	1870年	1900年	1913年
輸　　　出	83.4	244.1	354.4	634.8
輸　　　入	103.0	303.3	523.1	768.7
商品貿易収支	－19.6	－59.2	－168.7	－133.9
純貿易外収入	＋31.2	＋112.7	＋212.7	＋367.8
経常勘定余剰 (資本・地金移動を除く)	11.6	52.9	44.0	233.9

② 海外投資先(％)	1830年	1854年	1870年	
ヨ ー ロ ッ パ	66	55	25	
アメリカ合衆国	9	25	27	
ラテン・アメリカ	23	15	11	
大 英 帝 国	2	5	22(インド)	12(自治領)
そ　の　他	－	－	3	

出典：① はP.S.バグウェル・G.E.ミンゲイ　前掲訳書　99ページより作成
　　　② はミシェル＝ボー　前掲訳書　166ページより作成

証券ブローカー，商人，地主，企業家たちの資本輸出によって新たな世界システム（植民地支配の構造）の構築が展開されたのである．1850年前後のイギリスの資本輸出先は，なお半分以上がヨーロッパとアメリカ合衆国であり，その構造変化が現れるのは，1860年代に入ってからのことである．たとえば，ヨーロッパへの資本輸出の全体に占める割合は1860年当時25％であったが，1890年にはわずか8％に下落し，このような傾向はアメリカ合衆国についても同じであった．これらの地域にとってかわったのが，ラテン・アメリカ諸国やインドであり，当初のインドでの鉄道や証券発行への投資はイギリスの総投資額の20％を占めていた．

しかし，徐々にインドの重要性は失われ，19世紀後半のイギリス資本の重要な投資地域はラテン・アメリカ諸国とカナダ，オーストラリア，ニュージーランド，南アフリカのイギリス「白人」自治領であった．ラテン・アメリカ諸国への投資額は1880年代までに倍加し約20％を占めるようになり，1890年には総額約4億2,400万ポンドがこの地域に投資されたのである．その内訳はアルゼンチンが約1億5,700万ポンド，ブラジルが約6,900万ポンド，メキシコが6,000

万ポンド，ウルグァイが 2,800万ポンド，キューバが2,700万ポンド，チリが2,500万ポンドであった．また，「白人」自治領は1860年代の12%から1880年代の約30%へと徐々に割合を高めていったのである．

こうしたヴィクトリア中期にみられる金融業者（新しいジェントルマン資本家）たちの利殖の関心が国内市場から国際市場へ移ることによって，イギリスの金融ネットワークが世界的な規模へと拡大し，産業革命の成果を背景とした本国からの人的交流・技術移転・資本輸出によって，イギリスは資本主義体制の世界システムの中核国になったのである．

第6節　ロンドン万国博覧会と新ジェントルマン資本家

世界にさきがけて産業革命を達成したイギリス経済は，高い生産力のもとに全ての産業部門で諸外国を凌駕し，いわゆる「黄金時代」を迎えたのである．その象徴的なイベントがロンドンのハイド・パークを会場として，1851年に開催された第1回万国博覧会である．公園には工費8万ポンドを投じて完成した水晶宮（Crystal Palace）が，全長549m，幅124m，高さ43mの総ガラス張りの偉容を誇り，当時の科学技術の粋を集めて建設された水晶宮は訪れた人びとの目をうばったのである．そして，水晶宮内に展示された数千にもおよぶ出品のなかで，とりわけイギリスを「世界の工場」と呼ぶにふさわしい木綿工業用機械，水圧機，ネイスミスの蒸気鎚，製造機械，機関車や鉄道設備，ワットの工場，船舶，橋梁，灯台などの実物や模型が 600万人を越える内外からの入場者の関心を集めたのであった．

万国博覧会は繁栄の時代のピークをむかえたイギリス経済の象徴的な出来事であったが，以後の国内工業の繁栄はアメリカ合衆国，フランス，ドイツなどの産業革命後発国のキャッチ・アップ競争の脅威にさらされることになる．こうしてイギリス経済は新たな転換の時代に入るのである．これまでの土地貴族（地主）と国内産業の着実な発展によって成長してきた産業資本家（中流階級）たちの利害状況が変化し，イギリス経済の「成熟化」と「国際化」にともなっ

図4-2 水晶宮（クリスタル・パレス）の内部と観客（ロンドン万国博覧会，1851年）

出典）京都大学人文科学研究所蔵，*Tallis's History and Description of the Crystal Palace*.
吉田光邦編『図説万国博覧会史－1851～1942－』思文閣出版　1985年　52ページより45図を転載．

て新しくサービス部門が台頭してきたのである．それは運輸，配給，保険，銀行，金融・短期信用サービス，専門・科学職，公務・軍務などの部門において，新たな機会を巧みにとらえた資本家（新ジェントルマン資本家）たちの成長であり，彼らは金利生活者や地主や製造業者を巻き込んで急成長した階層である．

それは1850年代に入ってロンドンとイングランド南東部を中心に発展し，この地域のサービス部門の1人当たりの所得は当時のイギリス国内で最高額であった．この地域の金融，流通，公務，専門職，その他のサービス部門で収益をあげた人びとは，工業中心地域の人びとよりも多くの中流階級を形成し，19世紀後半にはイギリス経済の中核的な担い手である新興のジェントルマン資本家として政治的・社会的地位を確立したのである．こうした社会階層の変化の兆しは，1850年代以降の輸出入構造の産業部門間における所得と雇用の相対的転換にあらわれており，輸出品に占める工業製品の伸びが鈍化する1870年以降かなり顕在化するのである．経済の基盤が工業部門から金融やサービス部門へと移り，1850年から第二次世界大戦までのイギリスの海外膨張に大きな影響を与えたのである．

しかし，ヴィクトリア中期の社会階層の構造的特徴は依然としてピラミッド型であった．人口（1867年，2,410万人）の77％が現業労働者階級に属し，これらの階級のうち15％が週給28シリングから2ポンドのかなりの高賃金を得ていた熟練工（労働貴族層）で，50％を少し上回る数の労働者（不熟練工，農業労働者，女性）の週給は10から12シリングであり，残りは中間層を形成していた．彼らの収入は1870年代から引き続き30年間は上昇し，1900年までに1875年の水準を30％上回り，1850年と比べれば84％上昇したのである．しかし，ここにいたるまでの19世紀前半の労働者階級の低い賃金と長時間労働，家族ぐるみの雇用，婦人・児童労働，工場内環境と都市生活環境の劣悪などからの解放は，1833年の工場法に始まり，1834年の新救貧法，1847年の10時間労働法，1848年の公衆衛生法（5年間の時限立法 Public Health Act），1850年の鉱山監督官制度，

1870年の普通教育法（初等教育制度），1871年の労働組合法，1878年の工場法（Factories and Workshops Act）の集大成に到達するまで，およそ半世紀にもわたる長い苦汁の歴史であったことを忘れてはならない．

☞ 学習の課題

1. 19世紀のイギリス経済の繁栄の基礎となった木綿工業・機械工業・製鉄業・高度集約農業・インフラストラクチャーの整備がどのような経過を辿ったのか検討しなさい．
2. イギリス本国経済と植民地経済との関係を考え，今日の世界資本主義システムのなかでアジア，アフリカ，ラテン・アメリカの途上国経済が抱える問題の解決の糸口を考えなさい．

📖 参考文献

- ミシェル゠ボー（筆宝康之・勝俣誠訳）『資本主義の世界史』藤原書店　1996年
- P. J. ケイン・A. G. ホプキンズ（竹内幸雄・秋田茂訳）『ジェントルマン資本主義と大英帝国』岩波書店　1994年
- レックス゠ポウプ編（米川伸一・原剛訳）『イギリス社会経済史地図　1700年から現代まで』原書房　1991年
- E. J. ホブズボーム（浜林正夫・神武庸四郎・和田一夫訳）『産業と帝国』未来社　1984年
- 吉岡昭彦『近代イギリス経済史』岩波書店　1981年
- 荒井政治・内田星美・鳥羽欽一郎編『産業革命を生きた人びと』有斐閣　1981年
- 村岡健次『ヴィクトリア時代の政治と社会』ミネルヴァ書房　1980年
- 毛利健三『自由貿易帝国主義』東京大学出版会　1978年
- P. S. バグウェル・G. E. ミンゲイ（東井正美・原田聖二・加勢田博訳）『比較経済史　イギリスとアメリカ　1850〜1939』ミネルヴァ書房　1975年
- W. コート（荒井政治・天川潤次郎訳）『イギリス近代経済史』ミネルヴァ書房　1957年

第 2 部　大陸の工業化

第5章　フランスの工業化

　フランスは，17～18世紀において世界で最も富んだ国であり，ヨーロッパの中で大きな地位を占めた．フランスは，ヨーロッパのなかで相対的に面積が大きく，山の少ない平坦で肥沃な国土を有しており，なおかつ，天候の上でも農業生産に適している．産業革命前の経済においては，国富の創出において，農業生産の占める比重が高かったので，フランスがヨーロッパ随一の強国として君臨しており，フランス語は第1の国際語であった．このことは，たとえば，トルストイの『戦争と平和』などの小説にも描かれているように，フランス語が，ヨーロッパの宮廷において，あたかも母国語であるかのごとく自由に話されていたことからしても，よくわかる．

　19世紀から20世紀にかけて，フランスでは，部分的にはダイナミックな展開を示した部門もあったが，全体としては，均整の取れた穏やかな経済成長であった．しかし，現在，フランスは，世界で国富（GDP）がイギリス・イタリアと並んで第4位グループであり，もはや列強とはいえない．1人当たりの国民所得からも，現在では並の先進国家である．18世紀の超大国から並の先進国への漸次的低落傾向は否定できないであろう．

　蓄積とは，生産設備などの資本の蓄積のみならず，公共的な建築物，社会的制度など経済を取り巻く制度も含んでいると考えると，フランス革命以降今日までのフランスの経済発展は，18世紀までの蓄積をいかに生かしてきたのかという課題に集約される．フランス人は，経済の低落傾向をいかにして緩和してきたのか．長期的衰退に歯止めをかけるという面では，政治が果たした役割の意義，とりわけ外交の巧みさと，「文化」を前面に出してセールスをする巧緻性が特筆に値するのである．

第1節　19世紀における経済発展

19世紀を通じてのフランスの経済成長は，他の工業国家と比べて，変動の変化が小さく，おおむね着実であったといえよう．19世紀初めから第1次大戦前までの期間の経済成長は，他の先進工業諸国と同様に，大きく2つ半の長期の波動（通常，これをコンドラチエフの長期波動と言い，平均で55年の周期を有する）をもっている．

第1の波動は，18世紀末のフランス革命時の混乱から1840年代初めにかけて終わる産業革命（特にイギリス）の長期波動である．

第2の長期波動は，1840年代から始まり，1873年に頂点を迎えて，1896年に終わる．フランスにおける第1の本格的な工業化の波である．この工業化の波は，イギリスやドイツ，アメリカと同様に，1850年代から1860年代にかけての鉄道建設ブームによって引き起こされた．1860年代末までに6大鉄道網が完成し，国内の主要都市間は鉄道によって結ばれるようになった．主要都市間とはいえ，フランス全土が鉄道によって網羅されるようになると，以下のようにフランス人の生活が一変した．

1）物流が大いに発展したので，物資の移動が迅速かつ大量にできるようになった．孤立した地域での飢饉がもう昔話になった．ある地域での天候不順による凶作でも，他の地域からの食料の搬入を可能にしたからである．本格的な国民市場の成立である．

2）鋼鉄製汽船による外国定期航路の開設により，海外からの物資が大量かつ安価に輸入できるようになった．

3）交通機関として鉄道は高速での移動を可能にしたばかりか，従来に比べてはるかに簡便かつ安価に移動ができるようになった．

4）鉄道建設には多額の投資を必要としたので，資金面で，大衆資金を動員する必要が生じ，新しい金融技術が開発された．たとえば，鉄道会社が発行した比較的少額の社債によって，証券市場が活性化した．

5）大量の鋼鉄が消費されたので，製鉄業におけるイノベーションを促し，鉄の時代を作った．

第2の波動の下降期（1873年から1896年まで）において，物価は下降し，デフレに見舞われた．物価が20年間以上も継続的に下落したこの時期は，《大不況》と呼ばれている．

第2節　巨大だが，停滞的な人口

フランスは何よりも西ヨーロッパで最大の人口（1851年の時点で，フランス本土だけで，3,600万人）を有していた．肥沃な国土が巨大な人口を養うことができたのであり，これが当時の強国としての支えとなっていた．

この当時のフランスにおいて，人口動態に際だった特徴があった．まず，出生率（フランスは20.2‰）が他の先進諸国に比べて低かった（ドイツは33‰，イギリスは27.2‰）．なお，ここで‰は，1,000分の1をあらわし，パーミルと読む．再生産率は0.95であり，長期的にみるとそのままでは人口は減少に向かうはずであった．その人口減少を緩和したのが外国や植民地からの移民であった．第1次大戦前，すでに全人口の3％にあたる120万人の外国人がフランスに居住していたが，1889年の法律によって「フランスで出生した者はフランス人とする」と定められ，外国人でフランス国籍を取得した者が多数いたので，外国人の数は本来はもっと多かったはずであった．しかも，死亡率（フランスは19.6‰）は他の先進諸国（ドイツは18.7‰，イギリスは15.4‰）に比べて相対的に高かったので，人口の増加率は際だって低かった．

この状況は，いくつかの要因によって説明できる．まず，乳児死亡率が非常に高水準であった．フランス全土では，乳児死亡率は126‰（つまり，1,000人の出生児のうち，1歳の誕生日までに126人が死亡した）であったが，とくに都市部では200‰を越えていた．この原因は，農村においても，都市においても，低い衛生水準，医薬品の欠乏，医療施設の不足などにあった．とりわけ都市は，19世紀の半ば頃まで，依然として劣悪な条件下にあり，結核，チフス，

梅毒，アルコール中毒などが住民の間に蔓延していた．

たとえば，リヨンでは，全部の建物に水道が敷設されるようになったのは，ようやく1914年になってからである．しかも，その当時，依然として汚染された井戸が使用され続けていた．

出生率が低かったのは，農民が相続によって財産が細分化されるのを防ごうとしたこと（フランスにおける民法の均等相続制によって，子供は平等に財産を相続した），中間階層も子供に良い教育を授けるために人数を制限したことによる．

第3節　家族的経営が支配的な農業

第1次大戦前のフランス経済を今日の時点からみて，いくつかの問題点を指摘できる．まず，農業が非効率的であった．小規模で家族的経営が多く残存し，ブドウ栽培など中耕作物を栽培していた．依然として農民的な文明が支配的であったのである．

第三共和制（1871年から）は家族的経営形態に基礎を置いているといわれたが，現実はもっと複雑だった．1ヘクタール未満の零細経営は90万戸もあったが，これだけでは家族が自立して生活していくことはできず，家族のメンバーが近隣の経営において雇用されることによって，重要な所得を得ていた．

先にもみたように，1880年代から1890年代にかけて，ヨーロッパ経済は《大不況》と呼ばれる継続的な価格低落期（デフレ）を経験したが，とくに，農産物価格の下落が深刻であった．北米・南米から低価格の農産物が大量に輸入されたからである．そのため，フランスの伝統的な農業（ブドウ，養蚕，亜麻，油脂植物，山羊）は深刻な危機を迎えていた．フランス農業は，これら伝統的な形態から近代的な農業（穀物，甜菜，ジャガイモ，乳製品・食肉，野菜，果物，花）へと大きな転換を果たさなければならなかったのである．

19世紀を通じてフランスの農業は，さほど停滞的ではなかったが，それでも経済全体の発展に大いに貢献したとはいえない．農業は，原材料・機械設備な

どで他の部門から多くを購買しなかったし,工業部門に多くの労働力を排出したわけでもなかった.一般に,農業部門は生産性が低いので低賃金であるが,それが工業部門における賃金を低位水準に押しとどめた.いずれにしろ,経済全体の発展にはむしろ重石になっていたといえる.

第4節　中小企業が支配的であった工業

当時,フランスは,アメリカ,ドイツ,イギリスに次ぐ世界第4位の工業国家であったが,最先端の部門(アルミニウム,鉄鋼,自動車,航空機)と伝統的な部門(繊維,ガラス製品)との際だった対比がみられた.とくに,機械部門と合成化学の分野では大きく遅れていた.

石炭や鉄鋼などの分野では,19世紀の末には,企業の成長によって,巨大企業も散見されたが,しかし,近隣の先進工業諸国と比べると,企業の集中化が遅れ,全体的に過度の中小企業体質が残存していた.それは何よりも,フランス工業が,奢侈品工業へ大きく依存していたからであり,パリを中心とする地域には,皮革製品,家具,装飾品,雑貨など,輸出競争力のある手工芸品製造業が栄えていた.

伝統的にフランス工業は,センスの良さと仕上がりの品性で際立っているが,発明・発見を実際の製品に結びつけるイノベーションは欠如(または不足)気味であった.つまり,フランスの科学者やエンジニアは,自動車,航空機,映画,写真,ラジオなど,個々の発明では大いにみるべきものがあったが,しかし,フランスの工業は,高級品を志向するため,ドイツなどと比べると製品を効率的に生産するという,実用化は不得手であった.とくに,生産工程では,熟練工に依存する生産方式を依然として維持しており,汎用機を使って,熟練工がひとつひとつ加工していくという旧式なシステムが支配的で,機械化は大きく遅れた.

工業の全面的な展開を妨げた要因として,教育制度の制約も挙げるべきであろう.当時のフランスには,優秀なエンジニアは存在していたが,教育制度全

体が，古典的な人文に集中していたので，十分な数の生徒たちを技術教育へと向けることはできなかった．エリート主義的教育のために，技術系の中間管理職（設計技師，テクニシャン，現場監督など）が不足していた．労働者も，専門的な技能教育を受けていた者は，全体のわずか3％にすぎなかった．低賃金の非熟練工をカードル（幹部たち）が上から権威主義的に支配し管理するというフランス的な管理システムが形成されたのもこの時期であり，その後，今日まで残存し，その克服が試みられてきた．また，生産システムを変更するには，多くの障壁が存在していた．もちろん，これらの障壁は克服不可能ではなかったが，まず何よりも現状維持へのコンセンサスが圧倒的に強く，変革を求める者は少数派であった．技術的能率性だけが尊重されたのではなかったのである．

もっとも，挑戦的な企業家がいなかったわけではない．テーラー主義の導入も割合早くから試みられていた．当時すでにアメリカの経済力は，ヨーロッパに深刻な脅威を与えていて，アメリカ経済が次世紀のモデルになるとみられていた．フランスからは，好奇心に駆られた多くの若きエンジニアたちがアメリカの工場詣でを繰り返した．1908年には，フォード社からT型モデルが発売されていて，自動車メーカーであるルノー社の創業者ルイ＝ルノーも，第1次大戦前にテーラー主義を学びにアメリカへ視察旅行を行っている．しかし，企業家は全体としてみると決してダイナミックであったとはいえない．

また，19世紀末当時，500万人に上った労働者は，すでに社会の重要な構成要員となっていたが，依然として社会保障が十分ではなく，病気や怪我などの点で不安定な状況にあった．その結果，しばしば激しいストライキや労働争議が起きた．しかし，にもかかわらず，それ以前の社会に比べて，労働者たちは不可欠の構成員として社会に統合されるようになっていた．

19世紀後半を通じて，金融構造の上で，大きな変革が2度生じた．第1の変革は1850〜60年代で，大預金銀行が相次いで設立され，今日に至る銀行構造の枠組みが確定した．第2の変革が1890年代で，この時代には，経済全体に占める通貨と銀行の比重が増大した．

しかし，金融面では，なかには，ドイツの投資銀行のように積極的に産業に投資した銀行もあったとはいえ，フランスでは当時の工業発展への資金は基本的に自己金融であった．

また，税制面でも消費税主体の収税構造を変更して，所得および資本収益に課税することが課題となっていたが，当時の関係者はその政策変更に激しく反対した．

第5節　貿易赤字・経常黒字の国際収支

19世紀後半におけるフランスの国際収支は，イギリスと同様，貿易赤字・経常黒字であった．

フランスは「フランス的なセンス」を生かした高級品志向を打ち出したパリ地方の奢侈品工業や香水などで，輸出品目に事欠かなかったが，貿易収支としては赤字であった．

1840年代から60年代にかけて行った大規模な対外投資（外国における鉄道建設が代表的）が1870年代以降は巨額の利子配当をもたらした．しかも，旅行・輸送・保険が堅調で，貿易外収支が大幅な黒字を生んでいたため，貿易収支の赤字を補うことができ，経常収支の黒字を維持できたのである．経常収支の黒字は，一方では，対外投資の原資となり，さらに一層，帝国主義的拡張を支えた．当時，フランスは，イギリスに次ぐ世界第2の植民地帝国であった．

第6節　フランス的文明生活の確立

フランスは，第1次大戦勃発時には，イギリスに次ぐ，世界第2位の植民地を有しており，国内の豊富な資金を背景に金融は強力であり，クレディ・リヨネ銀行は，世界最大の銀行であった．

1840年から1913年まで，フランス国民1人当たりの成長率は，1.2％から1.3％と推計されている．これは，アメリカとドイツと比べると低いとはいえ，イギリスとほぼ肩を並べる水準であった．しかし，その1人当たりの国内総生産

（GDP）は約1万2,000フランであり，アメリカ合衆国（4万フラン），イギリスとドイツ（2万フラン）についで，第4位にすぎなかった．つまり，金融や国際政治での勢力に比べて，工業力で劣っていたのである．

しかも，人口増加率が低かった．そのため，1人当たりの経済成長率はイギリスと比肩できるとはいえ，国の経済的規模をあらわす国内総生産は，他の諸国から徐々に引き離されていった．

第1次大戦直前（1914年）におけるフランスの状況は，迫り来るドイツとの戦争の足音におののきながらも，物質的な豊かさを享受していた．当時，その時代を《ベル・エポック》（美しき時代）と呼んでいたのも，19世紀の第4四半期以降，実質賃金の上昇を背景に，人びとの生活水準が向上していたからである．

経済的な豊かさは，肥沃な耕地と所得水準の高さに対応した生活モデルを形成して，その生活レベルにふさわしい高級品を生んでいた．今日でも日本人観光客が大挙して買い求めるようなブランドものがこの当時確立された．

当時のフランスは，都市と農村に2分化された国であった．19世紀の前半から1870年代までフランスにおいて都市化は進み，1851年，10万人以上の都市は，フランスにおいてはパリを除いて5都市しかなかったが，第1次大戦前には14都市にまで増加していた．

都市化が進んだとはいえ，同時期に，人口10万人以上の都市は，イギリスには47，ドイツには45もあったのに比べると，フランスには大都市が少なく，依然として55％が農村に居住していたので，やはり農村的色彩が強い国であった．都市化へ漸進的に移行しつつあったが，依然として，村では伝統的な生活形態がみられたのである．

庶民の消費形態とりわけ食生活は，第1次大戦前の時点では，都市住民といえどもまだ伝統的な性格を帯びていた．パリの1労働者の家庭では，伝統的な消費形態が取られていた．当時のフランスの庶民は，まだ，経済的な製造方法によって調理され，規格化され，大量生産される食品を受け入れていなかった．

地方の小都市の生活は，大衆から好意的に受け入れられ始めていたが，まだパリのような大都市においては，まだまだ不満が大きく，好んで住むところとはみなされていなかった．

19世紀のフランスは，1871年に第三共和制が成立するまでは，革命・変化・憲法改正のめまぐるしい歴史であった．ようやくのことで成立した第三共和制も，もちろん，さまざまの危機に見舞われたが，少なくとも，安定的な国家としての1つのモデルとはなっていた．この国家は，過度に受動的でもなく，過度に介入的でもない．過度に懐古的でもなければ，過度に革新的でもなかった．すべての社会的カテゴリーによって共有された愛国主義によって，国家としてのまとまりを勝ち得ていた．これには，義務教育制度が果たした役割が大きかったが，庶民への教育の普及は第三共和制の大きな政策目標であり，学校の設立が盛んに行われた．

19世紀末から20世紀初頭のフランスが安定的な社会となった基礎には，フランスが依然として農村社会であったことがある．もちろん，農村社会であっても，現実には，不作の恐れ，農作物の価格低下，肥料や中間財の価格高騰，病気など，いろいろな不安定要因はあったが，しかし，それ以前の社会体制（フランス革命，七月王政，第二共和制，第二帝政）に比べるとはるかに安定した社会であった．

フランスはヨーロッパでいちはやく中央集権国家としてまとまった歴史的な便益を生かし，その巨大な人口を束ねて，対外的に押し出し，ヨーロッパの中心にあって政治的・外交的な主役の座を維持してきたのである．

第7節　おわりに ―― フランス革命の経済的・思想的遺産

1789年7月14日のバスティーユ襲撃から始まり，1814年のナポレオン皇帝の敗北に至る一連の政治的・社会的動乱は，フランス大革命と呼ばれている．

19世紀から今日までのフランス経済史を評価する上で，避けて通れないのがこのフランス革命の意義の確定である．フランス革命はなるほど政治的な出来

事であるが,それに対する立場によって,経済史も含めたその後の歴史的展開への評価が変わってくる.フランス社会だけでなくヨーロッパをも25年間にわたって震撼させたこのフランス大革命は,誠に強烈なナショナリズムを発散させているので,それに幻惑されて,冷静にフランスの歴史(経済史を含む)を評価することがむずかしくなっている.

フランス革命が人類史上において先進的な理想のモデルとなっているという視角からは,国民1人当たりの所得の増加は他のヨーロッパ諸国に比肩するほどであり,それによる解放がなければ,かかる経済的発展は実現しなかったであろう.さらに,政治的・外交的な見方からすると,フランス革命は,封建制の桎梏をうち破り,虐げられた人民に自由と平等を与え,諸国民にも自由と平等の観念を教え広めたという点で,人類の進歩のうえで決定的な段階にほかならない.フランスは,この革命のおかげで,他の諸国に対して,栄光と威光を獲得したのであり,これはフランスの政治家・企業家・芸術家・学者によって,繰り返し宣伝され,国威発揚のために徹底的に利用されることになる.

しかし,18世紀から19世紀におけるフランスの長期的低落傾向の原因として,日本ではあまり言及されないが,このフランス革命による損害を挙げることができる.フランス革命は,「人権」の尊さをうち立てた快挙とされているから,それの否定的側面を挙げていくことは心理的に困難になっているが,しかし,人的喪失,物的破壊,国内争乱による混乱,人心の疲弊,などフランス革命がのちのフランス経済にもたらした否定的な影響の側面はもっと冷静に検討されてしかるべきであろう.

フランス革命に対して否定的な見方からすると,それは後世に次のような大きな負の遺産を残した.

第1に,200万人以上の人びとが殺戮された.この人的被害は大きく,大革命期の戦争における死者(約40万人),帝政期の戦争における死者(約100万人),ブルターニュ地方のヴァンデーにおける反共和派の大量殺戮(約40万人)や内乱における死者(約20万人),これにギロチンにかけられた死者を加えて,約

200万人が大革命期と帝政期に亡くなった.

第2に,貴族の城郭や大聖堂・修道院などの宗教施設などをはじめとして国土が破壊されたという人的・物質的な損害が巨大であった上に,第3に,産業や商業面でも取り返しのつかない後れをとってしまった.

要するに,経済的にみる限り,フランス大革命は,フランスに大きな禍根を残したといえよう.

しかし,物質的な損害は時がたてば修復できる.より深刻なのは精神面で後の世に悲惨な伝統を残したことではないか.すなわち,第4に,思想的には,フランス革命とそれを準備した思想的な潮流は,「自由」,「進歩」とか「平等」という,いわば人類の「普遍的」な理想をいちはやくスローガンとして掲げて,政治的運動の原動力とした.それ以降,19世紀におけるいわば民主的潮流の,そして,ヨーロッパ的思想の源泉となった.それ以前の政権交代が,武力による制圧とか,神権の獲得によるものであったのに対して,フランス革命は,この点,誰も反対できないような「普遍的」なスローガンを掲げて,人民の名において「正当性」を獲得できれば,暴力によって既存の権力関係を転覆し,奪取できるという現代革命の根拠を示したことで,非常に特異な歴史的出来事となった.ジャン＝ジャック＝ルソーをはじめとする天才たちの独創的な思想と,もともと反権力的性格の強いフランス人の国民性が相まって生んだ歴史上の一大イベントであるというべきであろう.

しかし,「普遍的」なスローガンを武器にして,人民の名において「正当性」を獲得できれば暴力によって権力奪取が許されるというフランス革命の経験は,その理想として掲げた理念とは裏腹に,権力を奪取した特定のグループが反対する勢力を物理的に排除できるという道筋と根拠を与えた点で,後の全体主義とそれによる大量殺戮の源流となった.この点で,人類の大いなる負の遺産になっている.

精神分析家の岸田秀は「どのような個人も集団も都合の悪い現実から多かれ少なかれ目を逸らしており,したがって多かれ少なかれ狂っているが,フラン

スという国家に関して言えば，近代においてこの国が狂いはじめ，いまだに狂いつづけている端緒となった事件はフランス革命である．大革命は誇大妄想に駆られたあげくの一大愚行であった」(『二十世紀を精神分析する』文藝春秋　40ページ）と述べている．フランスという国が狂っているかどうかはともかく，フランス革命が，その後のフランス国家とフランス国民に重くのしかかってきたのは否定しようもない事実であろう．岸田秀的にいえば，フランス人は18世紀末から19世紀初めにかけて犯した一大愚行（つまり，フランス革命）を，それが歴史的大失態であったことを認めることを拒み，むしろ，全精力を傾注して，それがすばらしい出来事であり，この一件があるからこそフランス人は世界の他の人民に先駆けて先進的な快挙を成し遂げた栄光に満ちた国民であると，他者にも自己にもいい聞かせてきたのだといえよう．

☞ 学習の課題

1. フランスの経済発展は，イギリスやドイツに比べると，穏やかだが着実な成長を遂げたと考えられるが，それはどのような点にあらわれているか．
2. 経済史におけるフランス革命の評価について述べなさい．

📖 参考文献

・遅塚忠躬『フランス革命―歴史における劇薬―』岩波書店（岩波ジュニア新書）1997年
・権上康男・大森弘喜「産業文明の誕生と展開」『世界歴史大系　フランス史3　19世紀なかば−現代』山川出版社　1995年
・ルネ・セディヨ（山崎耕一訳）『フランス革命の代償』草思社，1991年

第6章　ドイツの工業化

　ドイツ資本主義は18世紀末から19世紀後半にかけてその構造を確立し，社会全体に多大な変化をもたらしたが，とくに1830年代から1870年代の時期に発展が急速に進行したので，本章ではこの時期をドイツにおける産業革命期（＝工業化期）とする．この過程は，当時既に工業化を終えつつある「世界の工場」たるイギリスを中心とする国際経済のただなかで，その影響をうけながら「国民経済」を形成していった過程であり，また他方ではプロイセン主導のもとに「上からの」社会改革を遂行しながら，国家統一を達成していった過程でもあった．本章では，ドイツにおける工業化の過程を，ドイツがおかれていたこうした特殊条件にも配慮しながら明らかにしたい．まず第1節では工業化を準備した19世紀前半の変化を概観し，第2節で工業化過程における各部門の発展を概観する．

第1節　工業化の起源

(1)　農民解放

　農民解放は，封建的農村社会構造を改革し，農業生産力および食料供給能力を増大させ，また農村過剰人口の工業部門への移転にも貢献した．農民解放の諸政策は主に18世紀半ばから19世紀半ばにかけて実施され，その内容は以下のとおりである．

　1) 人身的束縛（移動の自由の制限，僕婢強制奉公）の廃止

　人口増加による労働力過剰という状況のもとで，七年戦争後，人身的束縛に関わる法令が廃止され始めた．1807年のプロイセンの十月勅令は世襲隷民制を廃止し，メクレンブルクはドイツの最後の領邦として1820年にそれに追随した．

しかし大部分の農民は既にこの改革以前にも自由を享受しており，ドイツの東エルベ地域においても農民家族の2/3程度がその対象となったに過ぎなかった．

2）賦役・現物貢租の貨幣納付への転換

賦役の貨幣納付への転換は既に17世紀末頃には始まり（ヘッセン・南ドイツ），東エルベ地域でも18世紀末には始まっており，1805年にはプロイセン王領地農民の半分ほどに関して完了していた．また，現物貢租の貨幣納付への転換は，官房主義的経済政策と関連して既に18世紀に大部分実施されていた．

3）農民への所有権授与

農用地等への所有権の農民への授与は封建的給付義務の償却を前提にして行われ，主に2つの方式で行われた．

　a．調整方式：東エルベ地域では農民が従来の用益地（領主はその上級所有権をもっていた）の一部を領主に割譲することによって所有権を獲得した．割譲するべき土地面積は従来の農民の土地相続権を考慮して決定され，世襲保有権が認められていた農民の場合は土地の1/3，そうでない場合は1/2を割譲しなければならなかった．

　b．償却方式：西エルベ地域では農民は従来の給付を貨幣換算した上でその金額をもとに土地の価値が算定され（18～25倍），この償却金額を農民が年賦償却するべきものとされたが，とりわけ19世紀の20年代の低い穀物価格という状況のもとでは，これは農民にとって過大な負担であった．

4）共同地分割と耕地整理

従来，農民が共同で利用してきた土地（入会地など）の分割・個別利用は，農業生産増大の前提条件である．これは18世紀には既に始まり（ハノーファーでは1768年，オストプロイセンでは1770年），これによって個別農家の利用地が整理され，他人の農用地に対する通行権や放牧権が廃止されたので，農民は自分の耕地を村落内の他の農民とは関係なく集約的に利用できるようになった．

5）家産裁判権と警察権の廃止

この改革はもっとも遅れ，19世紀半ば以降に実施された．貴族の家産裁判権

の廃止はプロイセン・バイエルン・ヴュルテンベルクなどでは1848年の3月革命をきっかけに行われた．警察権はプロイセンでは1872年にようやく廃止されたが，「独立私領区域（グーツベツィルク）」は農場領主制（グーツヘルシャフト）の残滓としてなお第1次世界大戦後にも存続した．

農民解放によって改良三圃式経営，輪作経営，家畜の舎飼など新農法の導入が容易になり農業生産の増大が期待されたが，他方で農用地取引の増加（高額の償却金や穀物価格の低下などに起因）や無産農村住民の増加（共同地利用権の喪失などに起因）および農業以外の部門への流出（都市への移動，海外移民）などが引き起こされ，この無産農村住民は後に鉱工業部門への重要な労働力供給源となった．

(2) 営業の自由

営業の自由が基本的に意味するのは，あらゆる人が，あらゆる規模で，あらゆる生産部門で，あらゆる生産技術を用いて，開業し経営できるということである．これは，同職組合規制や領主の営業権の枠をはめられていた工業を規制から解放し，新技術を用いた新しい生産様式への移行（工業化）を促進する効果をもったとされる．

プロイセンでは「十月勅令」(1807年)が領主の営業許可権を廃止していたが，一般規定としての「営業税勅令」(1810年)は，開業の条件を納税証明書の購入に限定し，同職組合強制を廃止した．ナポレオン戦争中にフランスの影響下に置かれた地域でも営業の自由は早期に導入され，ライン左岸地域ではフランスへの併合時に（1795年までに），ヴェストファーレン王国では1808年に，ベルク大公国では1809年に導入された．このほかの主要領邦でも19世紀後半に営業の自由が導入された（ザクセン王国1861年，バーデン1862年，ヴュルテンベルク1862年，バイエルン1868年）．

1869年の営業令は北ドイツ連邦諸邦に関する統一規則であり，南ドイツ諸邦も1872年までにこれに従った．この営業令は本質的にはプロイセンの法令

(1845年の営業令およびその後の改訂)に依拠するものであり,開業制限の大幅廃止を目的としていた.

ただし,営業の自由の成果に関しては見解が分かれている.営業の自由によって,手工業部門において経営数の増加がみられたのは確かであるが,工業経営の胚種となったと考えられる前貸問屋やマニュファクチュア経営にとって営業の自由に関する法令はあまり重要ではなかった点も指摘されている.これらの部門は多くの場合,営業特許の認可に依存しており,また新しい課税対象としてこれらの部門にはこの種の認可が,たいていの領邦において寛容に与えられていたためである.他方また,営業の自由が従来の手工業に方向転換(修理業務・販売業務への特化)を容易にし,19世紀を通じて手工業経営を環境変化に柔軟に対応しつつ存続させた効果も看過できない.

(3) ドイツ関税同盟

19世紀初頭のドイツは多数の関税領域に分裂し,プロイセンだけでも67の関税表をもった関税領域に分裂していたといわれ,当時のドイツ経済は統一的な国内市場の形成にはほど遠い状況にあった.関税障壁の存在は商業・交通を妨げ,密輸をはびこらせ,徴税の能率が悪く費用がかかった.しかし,関税は領主や都市にとって不可欠の収入源であり,プロイセンでも国内関税(内国消費税・関税)が歳入のほぼ1/3を占め,各領邦の利害を調整した上で統一的関税圏を形成することは至難の業であった.

結局,ドイツにおける統一的関税圏の形成はプロイセン関税法(1818年)の適用領域の漸次的拡大という形で,プロイセン主導で進められた.この関税法によって定められていた関税率は,一般に輸入品に対しては1ツェントナー当たり0.5ターラーの従量関税,原材料に対して輸入免税,食料品に対して30年代以降高率関税(ただし西部地方への穀物輸入の大部分には免税)などであり,工業製品の価額のほぼ10%,植民地商品の価額のほぼ20%であった.この関税法は商人たちには歓迎されたが,製造業者の多くは関税率の低さのために不満を表明し,彼らの要求はフリードリヒ=リストによって支持された.すなわち,

ドイツ諸邦は統一関税領域を形成し，外に対しては高率保護関税（育成関税）によって国際競争に対する防壁になるべきであると主張されたのである．

またプロイセンは，他のドイツ諸邦とも関税連合を形成する用意があると明言したが，さしあたってプロイセン関税圏に結びついたのは，プロイセン市場に依存する隣接小邦だけであり，他のドイツ諸邦はプロイセン主導の関税同盟形成には加わらず，独自の関税圏を形成した．まず1828年にバイエルンとヴュルテンベルクとの間に関税統一が成立し，ヘッセン=ダルムシュタットがプロイセンに結びつき，中部諸邦（ハノーファー・ザクセン・クアヘッセン・ブラウンシュヴァイク・チューリンゲン諸邦・フランクフルト=アム=マイン・ブレーメン）は中部ドイツ通商同盟に結集し，3つの関税圏が並存することになった．これ以降，プロイセンは関税統一に邁進し，1834年1月1日，ヴュルテンベルク・バイエルン・ホーエンツォレルンがプロイセン=ヘッセン=ダルムシュタット関税同盟に加盟し，ザクセンとチューリンゲン諸邦も同年にこれに加入することになった．この後も関税同盟への加入が続き，1888年のブレーメン・ハンブルクの加盟によって，名実共にドイツ全体を包括する統一的国内市場が完成した．

このような統一的経済領域の強力な創出を基礎として，30年代以降の急速な工業化の進行が準備されたのである．

(4) 19世紀初頭の製造業の状況

この当時ドイツは依然として，圧倒的に「農業国」であり，すべての就業者のうち約62％が農業に従事し，約21％だけが製造業に従事していた．製造業の中では，伝統的な生産形態が優勢であった．製造業就業者2.2百万人のうち，およそ半分が伝統的な手工業で働き，約百万人（43.1％）が前貸問屋制に組織され，7％がマニュファクチュアに就業していた．したがって1800年頃のドイツでは，工業化の開始はまだ全く問題にならないのである．また，業種別では織物・被服・食品など衣食住に関わる基礎需要に対する生産が中心であり，織物部門の一部を除き輸出にもあまり貢献できなかった．

生産技術の広範な変化はまだみられなかったが，その間にイギリス等での技術革新のほとんどがドイツでも知られるようになっていた．イギリスは新しい生産技術の伝播を阻止し，技術革新の独占を維持しようとして，1825年まで熟練職人の国外移住を禁止し，1842年まで機械輸出を禁止していたが，多くの考案は熟練職人の亡命や誘拐，機械や模型や図面の密輸によって発明とほとんど同時に大陸に伝えられていた．たとえば，1781年にラティンゲンにドイツ最初の紡績機が設置され，1835年までに紡績機は綿糸製造の大部分に普及した．また，1796年に上シュレージェンのグライヴィッツでドイツ最初のコークス溶鉱炉が操業を開始し，1804年にシュレージェンだけで49基の銑鉄生産用コークス溶鉱炉が存在し，ライン゠ヴェストファーレン地域よりも技術的に進んでいた．さらに，1821年に設立されたベルリン工業研修所（ボイト設立）などの新しく設立された工業学校が技術者の養成とイギリスからの新しい生産技術の導入とに貢献した（これらの学校の多くが19世紀末までに工業大学になった）．

　しかし，既存の工業地域および原材料産出地域が工業化の主要な立地となった点も軽視されてはならない．既存の製造業立地は製造業生産に関する経験の蓄積，販路および労働力の確保（交通の要衝や人口集中地域に近接する地域），資本蓄積などの点で工業化を促進し，またルール地域の石炭，ジーガーラントの鉄鉱石，シュレージェンの石炭（と鉄鉱石）は重工業の発展を支えたのである．しばしば「後進国」ドイツの工業化に関して国家の助成が強調されるが，工業化期に官僚が一般に自由主義を信奉していた点，「営業の自由」に反するという見地から工業化期には特許法の制定すらなされなかった点，新たな生産方式の採用のための国家援助が私企業に対して与えられた事例がほとんど存在しないこと（たとえば，クルップの申請の拒否），ドイツ経済の東西格差を埋めるための方策（産業振興策など）がほとんど行われなくて東部ドイツが徐々に工業地域への労働力供給源となっていったことなどを考慮するなら，国家助成の評価には慎重でなければならない．

図6-1 前工業化期の製造業立地

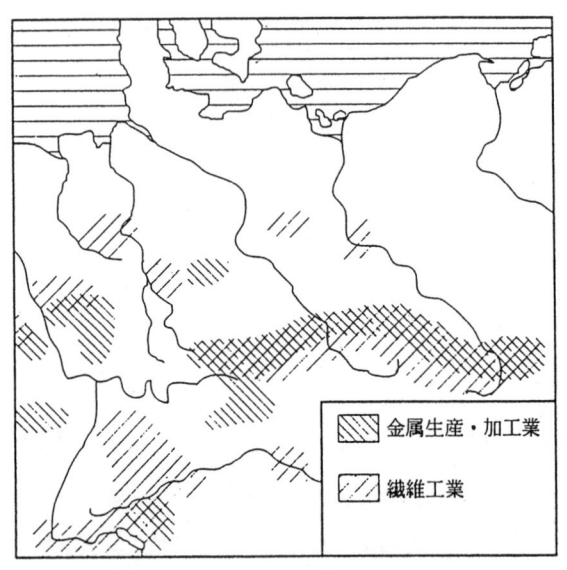

凡例：
- 金属生産・加工業
- 繊維工業

図6-2 工業化期の製造業の立地

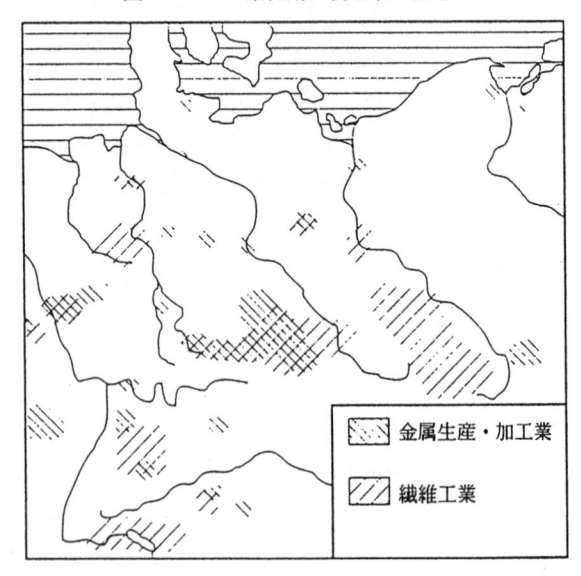

凡例：
- 金属生産・加工業
- 繊維工業

出典）F.-W.ヘニング著（林達・柴田英樹訳）『ドイツの工業化 1800-1914』
学文社 1997年 101ページ

第2節　個別部門の発展

(1) 繊維工業

ドイツの木綿工業はザクセン王国の2地域（エルツゲビルゲとフオクトラント）を中心に発展した．ここにはジェニー紡績機が1786年に，ミュール紡績機が1797年に，水力紡績機が1799に導入された．ザクセン王国の木綿工業はナポレオンの大陸封鎖期にイギリスの競争の遮断によって発展したが，他の地域の木綿工業はフランスに併合された地域を含めて，フランス木綿工業との競争によって停滞した．それに続いたのが，ナポレオン没落後のイギリスとの競争であった．

工業化期に入ってもドイツの木綿工業の発展は緩慢であり，工業化の主導部門とはならなかった．木綿工業は，繊維工業

図6-3　1780年から1913年までの個々の繊維部門の工業化

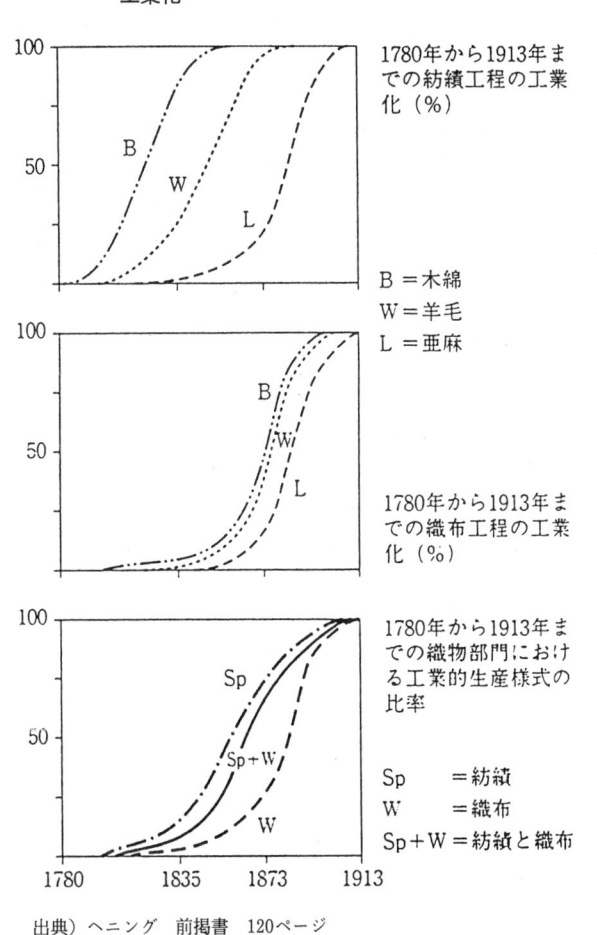

1780年から1913年までの紡績工程の工業化（％）

B＝木綿
W＝羊毛
L＝亜麻

1780年から1913年までの織布工程の工業化（％）

1780年から1913年までの織物部門における工業的生産様式の比率

Sp　＝紡績
W　＝織布
Sp＋W＝紡績と織布

出典）ヘニング　前掲書　120ページ

における機械化の先行部門として工業化の先端を進むが,紡績部門の機械化が19世紀央にほぼ完了するのに対し,織布部門の機械化は19世紀末までかかっている.

亜麻工業・毛織物工業での工業化はさらに遅れ,両部門の機械化は第一次世界大戦直前の時期までかかっている.その原因については,木綿工業の場合と同様に不利な市場関係があげられるが,亜麻製品の場合にはとくに木綿製品との代替競争という強い圧力が加えられた.

全体として繊維工業部門では19世紀末に至るまで,伝統的生産方式が強い影響力をもっていたといえる.

(2) 製鉄業・機械工業

製鉄業では,19世紀前半までは国有経営を中心としたシュレージェン地方がイギリスの新しい生産技術を導入して先駆的に発展し,19世紀後半にはライン=ヴェストファーレン地方がイギリスのいっそう進んだ技術を導入して急速な発展を遂げた.ルール地域(ヴェストファーレン)は1815年に完全にプロイセン領となり,製鉄業の発展に有利な条件が整うが,新しい生産技術の導入は遅く,1848年になって漸くコークス炉とパドル法が採用された.だが,ルール地域では石炭・鉄鉱両方の豊鉱が開発されたために,40年代末に始まった技術革新の導入は一挙に大企業を設立させ,採炭・採砿・製鉄の各部門を兼営する混合企業を出現させた.この大企業は株式会社制の採用,投資銀行との結合などの点で後のドイツ重工業資本の典型となった.

一方,機械工業の出発点は蒸気機関の製作であり,また1819年にドイツ最初の機械製造所を設立したハルコルトは,多くのイギリス人機械工を雇い,プロイセン政府の蒸気機関の導入(1779～86年),製造(1798年),回転機関の製造(1822年)の成功はイギリス人の技師・機械工の助力によるものであった.さらにドイツの機械工業の発達にはプロイセン商工業局の助成が大いに貢献した.1821年に設立されたベルリン工業研修所で養成された技術者,とくにボルジッヒは,ドイツ最大の機械製造企業の1つを創立した.機械製造所の設立は1836

〜45年に集中しており，また40年代には旋盤，中ぐり盤，平削盤などの工作機械や蒸気機関も普及し，機械工業は発展を開始していた．蒸気機関車の自給率は71年には97％に達し，また68年からドイツは機械の純輸出国になり，73年には製造された機械の1/3が輸出された．

(3) 鉱山業

19世紀中の鉱山業は第2次部門の雇用者全体の10％未満を雇用していたに過ぎなかったが，この部門から生じた工業化への影響は大きかった．

炭鉱業ではシュレージェンにおいて1800年以降，国有経営による本格的な開発投資が行われ，1797年の排水用蒸気機関に続いて，1848年には捲揚用蒸気機関が導入された．一方，プロイセンは1815年からザールの炭砿を国有経営として開発し，1816〜1857年に鉱山局官僚ゼロのもとに，蒸気機関・安全灯を導入し，1830年代にコークス炉・パドル法を採用した．他方，ルール地域の炭坑は製鉄業とともに1840年代末から発展し始めるが，ここでは既に1798〜1803年にシュタインが排水用蒸気機関を導入していた．

ただし，多くの炭坑が地下鉱山業として行われ，採掘過程の機械化は困難であったため機械化は運搬に限定され，露天掘りが行われた褐炭鉱および鉄鉱が技術革新の中心となった．

また1851/60年にプロイセンでは炭坑の監督原則が放棄され，これ以降国家干渉をうけない民間人の自発的な炭坑経営が可能になり，これは石炭採掘量の急増に貢献した．

(4) 鉄道

1840年代以降のドイツにおける重工業の発展を牽引したのは鉄道である．

ドイツ最初の汽車鉄道は1835年のバイエルンのニュルンベルク−フュルト線であり，使用された2台の機関車はイギリス製であった．次いで，1836年にプロイセンのベルリン−ツェーレンドルフ線とデュッセルドルフ−エクラート線，ブラウンシュヴァイクのブラウンシュヴァイク−ヴォルフェンビュッテル線が設けられ，1839年にはザクセン邦のドレスデン−ライプチヒ線が開通したが，

これらの鉄道は全てイギリスの機関車・車両・機関手・車両工に依存していた.

プロイセンは鉄道国有化を望んでいたが，財源不足のために私企業に頼らなければならなかったので，国鉄・私鉄の混合制度になった．1838年の鉄道法は，鉄道が株式会社によって敷設経営されること，国家が鉄道の敷設経営に関する事柄を細目にわたり規制できること，道路通行税と国有駅馬車運賃の減収を補填するために鉄道課税ができること，資本償還が規制されること，鉄道認可期限時に国有化の機会が与えられることなどを規定していた．

国家は，若干の鉄道に対して，株式購入，融資，国有株式の配当支払免除等によって援助を与えていたが，1842年に鉄道基金を設け，助成を組織化した．それによれば，通常，当初の発行株式の1/7が国家によって引きうけられ，残りの6/7に対して3.5％の配当が保証された．この保証配当は鉄道会社が5％以上の収益を得た時に支払われ，国有株式の配当は鉄道株式の購入に充当される．

最初の鉄道網は，西部よりも東部の方が整備されていた．1844年時点では，ライン=ヴェストファーレンにはケルン－ボン線（1841年開通），デュッセルドルフ－エルバーフェルト線（1841年開通），ケルン－アーヘン線（1843年）があっただけであったが，東部にはベルリン－ポツダム線（1838年開通），アンハルト鉄道（1841年開通），ベルリン－フランクフルト線（1842年開通），ベルリン－シュテッティン線（1843年開通）などの重要路線があった．東部ではベルリンを中心とする鉄道網計画が早くも1833年にリストによって提案され，その計画中の6路線は後に敷設された路線の的確な予想となった．

1848年に商工大臣に就任したハイトはプロイセン鉄道網を体系化する上で重要な役割を果たした．ハイトは1862年までの在任中に，新線は国有で建設し，私鉄線を買収して国有化し，あるいは国営化しようと努めた．

1853年に新鉄道法が制定された．旧法に規定された鉄道課税は実際には行われなかったので，あらためて累進課税が導入され，この税収入は私有鉄道株式の買収に充当された．またハイトは1850～60年にシュレージェン炭とルール炭の国内消費を増加させるために，石炭特別運賃制度を作り，これによってたと

えばベルリンは従来のイギリス炭使用からドイツ炭使用に転換した．

1857年にプロイセンの鉄道のほぼ半分が国有ないし国営であったが，1858年以降，王弟ヴィルヘルムの摂政開始と共に国有鉄道の建設は休止され，私鉄主義が有力になり，ハイトの国鉄主義はビスマ

図6-4　1855年までの鉄道網

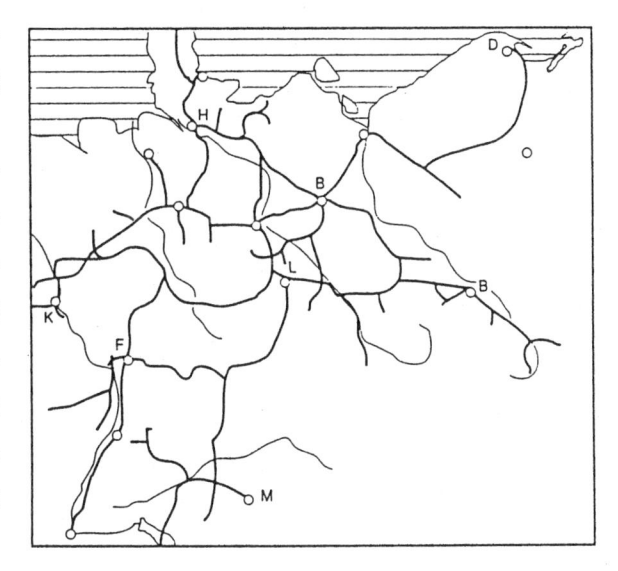

出典）ヘニング　前掲書　135ページ

ルクによって再度継承されるまで，放棄された．

(5) 銀行制度

1830年代央までのドイツの銀行は全て個人銀行であり，シャーフハウゼン銀行連合やハルト=ケルステン銀行のように商人を対象に手形割引や短期貸付業務に従事する商業銀行と，ロートシルト銀行やオッペンハイム銀行のように，公債引受業務を主力とする公債銀行との2類型が存在した．

しかしこれら2類型の個人銀行は工業化開始期にその性格を変え始めた．商業銀行は，今や商人のほかに産業企業家にも金融するようになり，これにともない固定設備への融資が長期貸付による銀行資本の流動性の低下をもたらし，これを避けるために貸付先企業の株式会社化による資本の商品化を図る，すなわち株式の引受・売買をその業務の一環に組み入れる必要が生じたのである．また公債銀行も，1830年代のプロイセン政府の証券取引の制限政策もあって，当時盛んに発行され始めた鉄道株式や産業株式の引受・売買に従事するように

なった.

しかしこのことは徐々に個人銀行の限界を明らかにした.短期間のうちに相次いで大規模に発行される株式を引きうけるためには,引受銀行の側の資本力が強大である必要があったが,それはこれらの個人銀行の資本力を越える課題であった.そこで,ここに株式の大規模な引受に応じられる巨大な株式銀行の設立が要求されてきた.

この種の動きは当初,株式発券銀行設立への要望として現われたが,1847年に発券銀行に改組されたプロイセン銀行以外の民間発券銀行の成果ははかばかしくなかった.

そこで産業発展を直接に促進するものとして,株式普通銀行(＝株式会社組織の非発券銀行)を要求する動きが強まった.プロイセン政府は証券投機の抑制に腐心していたこともあり,株式普通銀行による投機活動を恐れて設立免許を出し渋っていたが,1848年にシャーフハウゼン銀行連合,また1850年代の好況期にも若干の株式普通銀行の設立を認めた.これらの銀行の払込資本金額は1行平均が1,400万マルクであり,これは当時の重工業株式会社企業の資本金額の数倍に当たり,このように巨額の自己資本をもっていたということは,それらの銀行が当時要望されていた大規模な株式引受機関としての資格を備えていたことを示すものであった.

しかし,このような株式引受を機軸とした銀行と産業との密接な関係は,1857年の恐慌以後(銀行は株式相場の暴落,証券取引規模の縮小,保有株式の減価,長期貸付・直接出資の証券発行による回収の困難などによって損失を被った),株式発行の困難のために維持できなくなる.このため多くの銀行は業務の中心を,おりから増発が続けられていた公債引受に移して行き,これに関連して,従来の長期貸付や直接出資も徐々に整理・縮小され,銀行と産業界との関係も弱まる傾向をみせた.

一方,1860年代のライン＝ヴェストファーレンの産業資本,とくに重工業資本は,固定設備の更新を伴う新生産方法の採用のため,巨額の資金を必要とし

ていた.しかし,1850年代とは違って,株式による資金調達が困難であったので,この資金需要に応じる貸付の回収には長期間を要することが予測され,したがって銀行としては,貸付に慎重になり,また貸付期間中,貸付先企業の経営を十分に監視する必要があった.この種の貸付に応じたのはライン゠ヴェストファーレン地域の地元にあり,ベルリンからの距離のために公債引受に十分参加できなかったシャーフハウゼン銀行連合などの地方銀行であった.またこのように工業化期に既に密接であった銀行と産業との関係が,後の金融資本的関係の萌芽であったことはいうまでもない.

(6) 工業化と都市化

本章で扱ってきた工業化期には,工業労働者の増加は総人口の増加にほぼ並行した緩慢なものであった.しかし1880年代以降,雇用者数が自営業者に対して大幅に増加する人口の「プロレタリア化」が顕著になる.これは他方で,工業地域への人口の国内移動をともない,人口の都市化も進んだ.国内人口移動の大部分は,東部ドイツ農業地域から西部ドイツ鉱工業地域への移動であり,ベルリンなどの一部の東部ドイツ都市を除けば,主にライン゠ヴェストファーレンの鉱工業都市の人口増加が大きかった.こうした変化は都市の工業労働者を中心に新しい社会問題の原因になるとともに,政治面では社会主義の台頭,大衆民主主義的状況の出現を招

図6-5 自営業者と就業者数,19世紀ドイツ

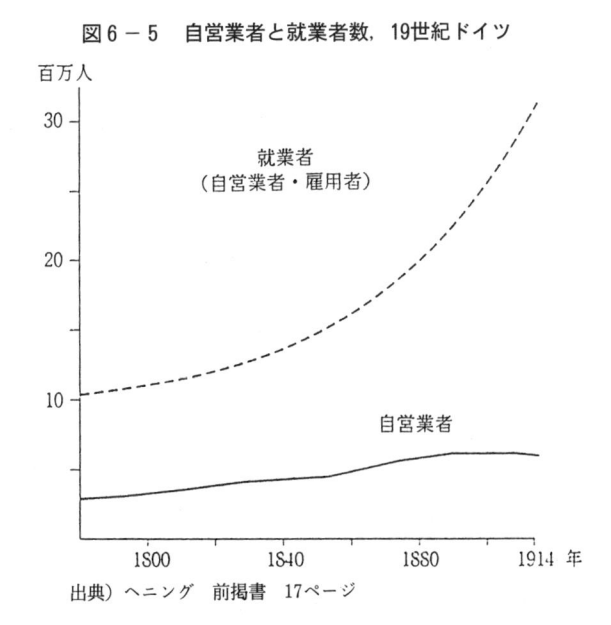

出典)ヘニング 前掲書 17ページ

き，工業化およびそれに並行する近代化の矛盾（＝二重性）を露呈することになる．

☞ 学習の課題
1. ドイツの工業化における国家の役割について述べなさい．
2. いわゆる「金融資本」の成立過程を調べなさい．

📖 参考文献
概　観
- 柴田英樹『西洋経済史講義』学文社　2007年
- F.-W.ヘニング（林　達・柴田英樹訳）『ドイツの工業化．1800-1914』学文社　1997年
- 石垣信浩『ドイツ鉱業政策史の研究．ルール炭砿業における国家とブルジョワジー』御茶の水書房　1988年
- 戸原四郎『ドイツ金融資本の成立過程』東京大学出版会　1977年
- 肥前栄一『ドイツ経済政策史序説』未来社　1973年
- 川本和良『ドイツ産業資本成立史論』未来社　1971年
- 林　達『ドイツ産業革命』学文社　1971年
- 藤瀬浩司『近代ドイツ農業の形成』御茶の水書房　1967年

第3部　アメリカ・日本の工業化

第7章　アメリカの工業化

第1節　19世紀のアメリカ

　19世紀は，アメリカが地理的・経済的・社会的に大きく変貌し，巨大国家へと成長し国際社会における覇権を確立する基礎を固めた時代であった．1803年にナポレオンから1500万ドルでルイジアナを購入して以後，19世紀前半に次々と領土を拡げ，アラスカやハワイなどを除けば，1853年までに現在のような大西洋岸から太平洋岸にいたる広大な領土をもつアメリカ合衆国の形ができあがったのである（図7－1参照）．この広大な領土は，独立時の13州が所有権を連邦政府に譲渡したことによって，公有地（public land）と呼ばれた．こうした

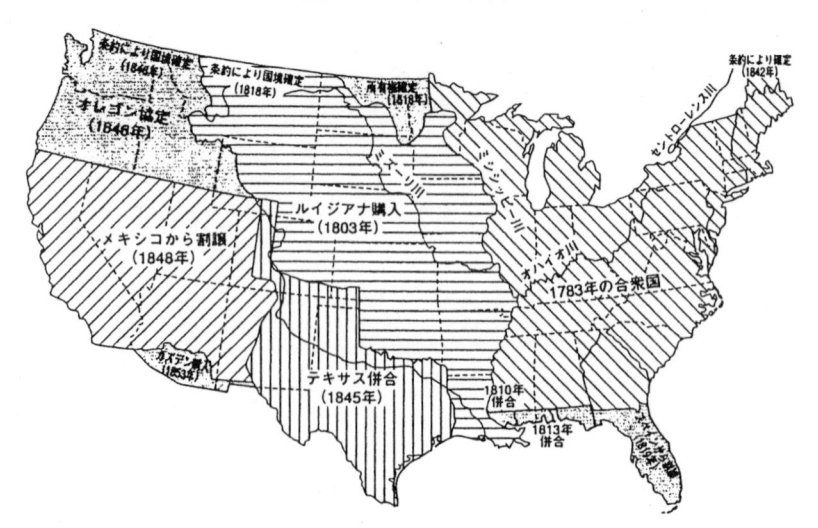

図7－1　領土の拡大

出典）Rand McNally, *Atlas of American History*, 1991, p.27

公有地の成立と発展が，後にアメリカの工業に広大な市場を提供することになるのだが，この公有地がアメリカ東部の労働力を吸収してしまうというデメリットにもなった．しかしながら，こうしたデメリットをも克服していくことによって，逆にそれが労働節約的機械のいちはやい導入と普及，互換性部品の導入など，アメリカの工業に特有の性格をもたらすことにもなったのである．

公有地開拓の最前線であるフロンティア・ラインは19世紀を通じて絶えず西に進み続け，1890年に太平洋岸に到達してセンサス（合衆国国勢調査）で消滅が宣言されるまで多くの人びとを引きつけたのである．フロンティアや「西部」のイメージは，アメリカ人ばかりでなく多くの外国人を移民としてアメリカに引き寄せる要因ともなった．公有地は，最初は最低購入面積640エーカー，1エーカー当たり1ドルで売却されたが，フロンティアに赴きすぐに農場を開設するためには馬車や農具・種子等といった資材が必要であり，そのためには1,000ドル程度の資金が必要であった．それゆえ，貧しい農民や当時の平均的

表7-1　公有地法の変遷

	最低購入単価（エーカー）	1エーカー当たりの最低価格（ドル）	支払い方法
1785年土地処分条例	640	1	現　金
1796年公有地法	640	2	1/2は現金，1/2は1年以内
1800年公有地法	320	2	1/4は現金，1/4は2年以内，1/4は3年以内，1/4は4年以内
1804年公有地法	160	2	1800年法と同じ
1820年公有地法	80	1.25	現　金
1832年公有地法	40	1.25	現　金
1841年公有地法	160	1.25	現　金
1862年ホームステッド法	160	入植者には無料登録料として10ドル	土地耕作5年後に所有権を獲得

出典）D.C.North., *Growth and Welfare in the American Past, A New Economic History*, 1996, New York, p.123 および1841年法については，鈴木圭介『アメリカ経済史の基本問題』岩波書店　1980年　150ページより

な労働者にとって土地の取得は困難であった．しかし農民の独立自営農化という側面からみると公有地の購入は，西部の発展とともに現実入植者に有利な方向へと向かい，1862年にホームステッド法が制定されて，5年間の開墾と居住を条件に160エーカーの土地が無償で与えられることになったのである（表7－1参照）．これによって南北戦争後の農業発展のための大前提が整備されたといってよいであろう．しかし，こうした公有地の拡大・西部開拓の進展の裏には，インディアンの西方への強制移住と居留地への封じ込めがともなっており，マイノリティーとしてのインディアンは，公有地の拡大と西部開拓によって伝統的な文化を破壊され，同化を余儀なくされていくことになったのである．

　すでに19世紀前半のアメリカでは，北東部の工業地帯，南部の綿花プランテーション地帯，西部の農業地帯という地帯構造が明確に姿を現しつつあったのである．そこでまず最初に，北東部で起こったアメリカにおける産業革命からみていくことにしよう．

第2節　アメリカの産業革命

(1) アメリカ産業革命の特殊性

　19世紀初頭に始まったアメリカの産業革命は，イギリスの産業革命と比べるといくつかの特殊性を有していた．すなわちそれは，①イギリスからの外圧，②自由地としての公有地の存在，③奴隷制南部の存在である．まずイギリスからの外圧の存在は，アメリカの産業革命を次のように特徴づけることになった．すでに産業革命が軌道に乗っていたイギリスからは大量の繊維製品，特に綿製品が輸入されていたが，これらの製品との競争に直面させられることになった．その結果，製品の差別化あるいは棲み分けを行わざるを得なかった．しかし，発展する西部とともに粗綿布に対する需要も増大し，アメリカの木綿工業では粗綿布の生産が中心に行われ，1830年代には綿製品は工業製品輸出額（輸出先は主に中南米）の首位を占めるまでになったのである．他方，後発であるがゆえの利点もあった．それは，先進国イギリスで開発された技術を導入すること

が可能であったので，新技術の開発にかかる時間と費用を節約できたという点である．もちろん，イギリスは最新技術について厳しい輸出禁止措置をとっていたから，その輸入は極めて困難であったが，サミュエル＝スレーターのように，農夫に身をやつして設計図を暗記して移民した職人などもいたのであり，その結果，多くの新しい技術がアメリカに導入されることになったのである．

次に自由地としての公有地の存在もアメリカの産業革命を特殊なものにした．イギリスの産業革命では，エンクロジャーの結果，農地から切り離された多くの農民が工場労働者として労働力を提供したが，アメリカでは西部に広大な自由地が存在していたために，分解の結果として賃金労働者を直接生み出すようないわゆる農民層分解は不十分で，農民は没落しても工場労働者とならず西部で独立自営農民として再生産された．その結果，絶えず労働力不足と相対的高賃金に悩まされたのである．その克服策として，移民の誘致や労働節約的機械の導入などがはかられ，それがアメリカの工業に大きな特徴をもたらす要因となったのである．

そして最後に奴隷制南部の存在もアメリカの産業革命を特殊なものにした．南部は植民地時代から奴隷制プランテーションのもとでタバコ・米・藍などを生産していたが，1794年にイーライ＝ホイットニーによって綿繰機（cotton-gin）（図7－2参照）が発明され，綿花の処理能力は50〜300倍に高まったといわれ，生産量は飛躍的に増大した．南北戦争前まで，綿花はアメリカの全輸出額の半分以上を占め，綿花の輸出代金でこの時期の全輸入額の30〜60％を支払うことができた．これが，「綿花は王者（Cotton is king）」といわれた所以であった．そしてこの綿花輸出の半分以上が対英輸出に向けられた．とくに1820年以後，イギリス木綿工業の発展につれて原綿需要が増大し，南部経済はイギリス経済と一層密接に結びつくことになり，イギリス経済の補完・従属部分とさえいわれたのである．そのため南部は関税政策では自由貿易を主張し，製造業保護政策を強力に推進しようとする北部と鋭く対立したのである．ところで，南部は綿花によって獲得した利益の多くをイギリスからの工業製品の輸入に当

図7-2　綿繰機（cotton gin）

上・左右：特許申請前の実演用モデル
　　　　スミソニアン博物館所蔵
　　左：南北戦争前のジョージア州の
　　　　コットン・ジン

出典）Brooke Hindle and Steven Lubar, *Engines of Change, The American Industrial Revolunon 1790-1860*, Washington, D.C., 1988, pp.82-83

てたが，その一部分は北部からの工業製品や中西部からの農産物の購入にも当てられた．したがって，南部の綿花輸出はアメリカの国内経済全体の発展にとって少なからぬ役割を果たしていたのであり，北部と対立する経済構造をもつ南部をも包摂しつつ北部が工業化を進め合衆国の覇権を確立するためには南部をどうするかが大きな鍵であったのである．

(2) 木綿工業

　アメリカで最初に工場制が始まったのは，1790年12月にS.スレーターがロード・アイランド州ポータケットに水力式の紡績機を使用する工場を完成させたのが最初であった．それはモーゼス＝ブラウン，ウィリアム＝アルミーとのパートナーシップとして始められた．スレーターはイギリスで紡績工として働いて

いたが，繊維機械製作に賞金を出すとの広告にひかれて，イギリスの渡航禁止令を犯して渡ってきた移民であった．紡績工程・機械については熟知していたものの，十分な資本をもっていなかったので（最初の工場の資本金額は4万6千ドル），商人に資金援助を仰ぐパートナーシップという経営形態がとられた．このスレーター工場の成功に続いて同様の規模と形態の工場がロード・アイランド州プロヴィデンスを中心に次々と設立された．研究史上これらの工場は「ロード・アイランド型」と呼ばれている．この類型の工場には共通する次のような特徴があった．まずこのタイプの工場は，職人や商人などを中心に少額出資のパートナーシップとして組織されたため資本金額（平均資本金額は5万5千ドル以下）も経営規模も小さかった．そして工場では紡績だけを行ない織布工程は前貸問屋制により近隣農村の家内工業に委ねられていた．この工場で採用された雇用形態も児童が不熟練労働者，父親が職工や監督として家族ぐるみで雇用され，給与の支払形態も多くが現物支給であった．

　こうした工場に対して，「ウォルサム型」と呼ばれるもう1つの類型の工場が1813年に設立された．その端緒はボストン工業会社であった．ボストン工業会社は貿易商F.C.ローウェルなどのいわゆる「ボストン・アソシエイツ」とよばれる商業資本家の出資によって，マサチューセッツ州ウォルサムに当時としては巨額の30万ドルの資本金をもって設立された．これ以後，この類型の工場が設立されることになった．この類型の工場は次のような特徴をもっていた．まず第一は，初発から株式会社として設立され，しかもその資本金額は数十万ドルから百万ドルに及ぶものであったことである．また，力織機を導入し紡織一貫工程で規格化された粗綿布の生産が行われた．こうした工場の出現によって，木綿工業はそれまでの織布工程の農村家内工業への依存から脱却し粗綿布の大量生産方式として自立が可能となったのである．しかし，動力源として水力を使用していたため，労働力確保を目的として独特な労務管理機構を採用していた点も大きな特徴であった．それは寄宿舎制であった．広範な農村地域から集められた未婚女性は女工として寄宿舎に全員が住まわされ，寄宿舎には舎

監がおり，安息日の礼拝出席や10時消灯など道徳的にも厳格に監督されていた．賃金は毎週あるいは2週間毎に現金で規則的に支払われた．これらは，工場での就業による娘の道徳的堕落や工場労働に対する農民の偏見を緩和させ，現金収入の魅力によって娘を工場労働に出させるために必要なものであった．

　対英戦争終結によるイギリス製品の大量流入と1819年に勃発した恐慌によって，手織機に依存していた農村家内工業による織布部門は打撃を受け，その結果，ロード・アイランド型でも力織機の導入が進み紡織一貫生産へと合理化が図られた．両類型の工場とも蒸気機関の採用は緩慢であったが，それは機械そのものが頻繁に故障し修理費が割高であり，他方，木綿工業の立地地域は水量の豊富な河川が多く，石炭の輸送コストもまだ割高であったからであったが，ウォルサム型の木綿工場にも1840年以後蒸気機関が導入された．これにより，生産額は飛躍的に増大し，また40年代以後，移民の雇用，とくにアイルランドからの移民を不熟練労働者として多数雇用するようになり，アメリカ木綿工業は技術的・労働力的基盤を確立し近代的工場制へ移行していったのである．

(3) **製鉄業**

　アメリカにおける産業革命はニュー・イングランドの木綿工業を機軸としてその初期から工場制として開始されたが，製鉄業の場合若干事情が異なる．製鉄業は1840年代まで北部・南部ともにアイアン・プランテーションという形態で行われていた．アイアン・プランテーションは，鉱石採掘用の鉱山や木炭生産用の森林を含む広大な土地をもち，製鉄・鉄加工に必要な生産設備だけでなく農場なども備えた自給自足的な一大製鉄村落であった．このアイアン・プランテーションでは銑鉄から錬鉄が生産され，棒鉄や塊鉄が加工のために各地の鍛冶屋に供給され，鍛冶屋がこれらを原料として，犂・鎌・鍋・シャベル・ストーブ・車輪といった最終製品に加工していた．すなわち，製鉄業は18世紀から1830年代に至るまで，農民的需要に支えられて，加工の容易な錬鉄の生産が長期にわたって行われていたのである．製鉄業の中心地域はペンシルヴェニア州東部からオハイオ州へと西部の発展とともに西漸し，やがて鉄鋼都市ピッツ

バーグが台頭してくることになるのである.

　アイアン・プランテーションは,1830年代から始まる製鉄業の技術革新によって次第に解体していった.それは,製鉄法が木炭製鉄から石炭製鉄へと転換したためであったが,アメリカの場合,イギリスに比べるとこの転換は極めて遅かった.それは,西部の拡大によって農民的需要が低下することなく,木炭鉄が長期にわたって需要されたからであった.

　アメリカの場合,石炭鉄への転換に先立って,精錬工程に「圧延法」(1811年)が,次いで「パドル法」(1817年)が導入されていた.石炭製鉄は,1830年代にF.W.ガイゼンハイナーによる無煙炭の実験溶鉱炉から始まり,1836年に実用化された.そしてこれ以後,無煙炭による製鉄法が普及し,無煙炭鉄が1854年には全鉄生産量の45％に達し,1855年に木炭製鉄による銑鉄生産量を凌ぐにいたったのである.また,瀝青炭およびコークスによる生産も30年代後半から行なわれていた.こうした新技術の導入を可能にしたのは,1834年にニュージャージー州で初めて採用された熱風炉の導入によるものであった.50年代までに水力反転槌を使用する鍛造所にかわって圧延所が普及し,1849年にはペンシルヴェニア州の錬鉄生産の80％がこの圧延所で行われるまでになっていた.

　こうした基幹工程の技術革新のみならず,動力源も従来の水力依存から送風や圧延所の動力源に蒸気機関を採用し始め,1859年にはアメリカ全体では製鉄業の46％が蒸気機関と水力の併用であったが,オハイオ川流域では蒸気機関の利用は72％に達していた.そして,1864年にはケリー＝パテントによる鋼鉄生産(W.ケリーが1851年に発明したベッセマー法と同一原理の製鋼法,ベッセマーが1865年にアメリカで特許権を獲得し,66年に両者の調停が成立)が行なわれるようになり,1868年にはシーメンス＝マルチン平炉法(平炉製鋼法)が導入された.こうした技術革新の結果,1880年代以後,鉄鋼業は急速に発展し,1886年にはアメリカの鋼鉄生産量はイギリスを凌駕し(銑鉄生産量では1890年,図7－3参照),1904年には工業部門別付加価値額において木綿工業にかわり第一位を占めるにいたった.このような製鉄・鉄鋼業の急速な発展は,国内に広

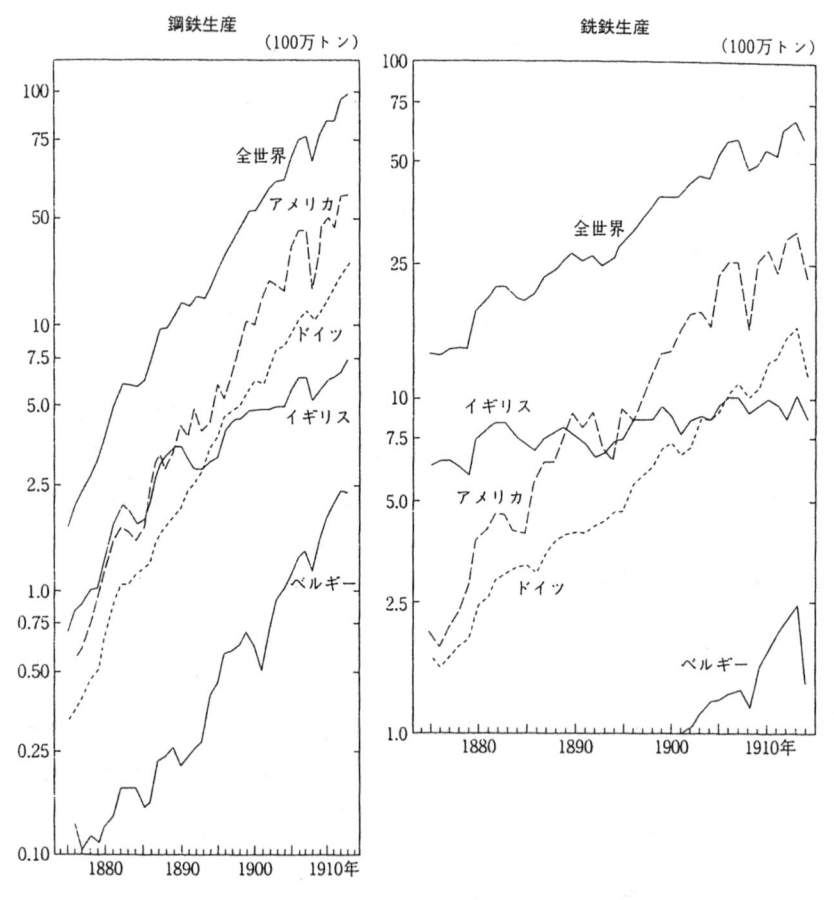

図7-3 鋼鉄・銑鉄生産の国際比較

鋼鉄生産 (100万トン)

銑鉄生産 (100万トン)

出典) 浅羽良昌『アメリカ経済200年の興亡』東洋経済新報社 1996年 85ページ

くかつ豊かな農民的需要が存在していたことと, さらに鉄道建設ブームの展開によって生じたレール生産という新たな需要および各種工作機械工業などの需要と結合したことによって可能となったのであった.

(4) 機械工業

木綿工業および製鉄業の発展と同時に機械工業も発展した. 機械工業は最初は木綿工場に機械を提供する工場から出発した. ウォルサム型の木綿工場では

繊維機械製造工場を併設しており，こうした工場が次第に独立して工作機械生産を行うようになっていった．19世紀前半には，オリバー＝エヴァンスの高圧蒸気機関，サイラス＝マコーミックの刈取機（1834年特許獲得），エリアス＝ハウのミシン（1846年特許獲得）などの労働節約的技術が現れていた．1860年までに，繊維機械・農機具・兵器・蒸気機関・機関車・ミシンなどが独立の企業で生産され，機械工業が1つの産業部門として成立していた．

アメリカの機械工業の特徴としてあげられるのは，「互換性部品」の製造が，ヨーロッパでは早くから知られながらも他国に先駆けてアメリカで確立した点である．部品の標準化および互換性原理は，E.ホイットニー（綿繰機を発明したが企業的には成功しなかった）によって，すでに1790年代にマスケット銃の製造で，また1810年代にシメオン＝ノースのフライス盤を用いた拳銃の製造などで試みられていた．1851年にロンドンで開催された世界最初の万国博覧会に出品されたアメリカ製品は，技術を競うコンテストで圧倒的な勝利を収めた．なかでも，マコーミックの刈取機は高い性能を実証して評判となり，またコルトのリヴォルヴァー（回転式連発銃）は効率性と正確性を発揮してメダルを獲得したのである．最初に互換性部品を採用したのは，時計製造（初期には歯車をはじめとしてほとんどの部品が木製であった．図7－4参照）や銃器製造であった．互換性部品の原理はコルト銃・ライフル銃の製造に引き継がれ，その後様々な種

図7－4　アメリカン時計会社製の懐中時計

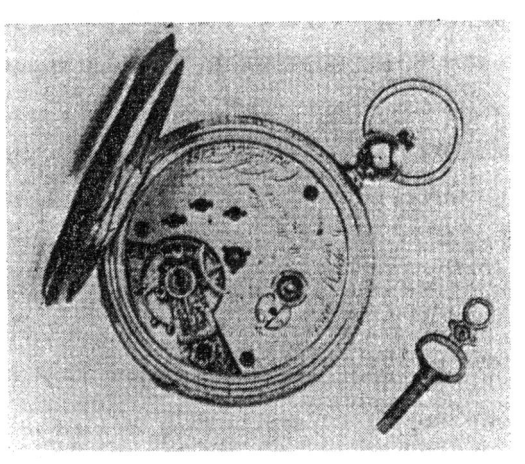

マサチューセッツ州ウォルサムのアメリカン時計会社は，1865年に約7万個の懐中時計を製造した．
出典）図7－2に同じ　p.138

類の金属加工業で採用されることとなった.

　労働節約的機械,互換性部品などのシステムがアメリカにいちはやく浸透したのは,まず何よりも労働力の希少性とそれに起因する相対的高賃金がそうした技術革新を促進したからである.また,需要の性格もそれに大きく与っていた.消費の同質性,すなわち商品を受容する大衆の所得格差が少なく経済状態が比較的均等で,大量に生産される均一的な商品を受け入れるという条件が整っていたからであった.また,ヨーロッパには,業(わざ)や技量としての手工業的技術は非公開が前提の職人的伝統が存在したが,アメリカにはそうした伝統的な職人的技術はほとんど存在しなかったのである.1790年の特許法では技術の公開と14年の独占が保証されたが,新たに考案された新技術や機械に対して職人の側からは反抗や抵抗はほとんどみられず,合理的とみなされたものは急速に受容され普及していくといったアメリカ特有の職人的風土が存在していたことは,ラッダイト運動が起こったイギリスと比較すると特筆に値するであろう.

　互換性部品の原理は,これと逆の作業工程連続の原理(これはすでに1787年にO.エヴァンスが製粉工場にベルトコンベアによる材料の搬入から脱穀・製粉までを自動化した自動製粉工場で特許を取得していた)と相まって,ミシン・タイプライター・自転車・農業機械などの大量生産とそれらによって製造・生産される製品や生産物の普及および大量消費をもたらした.さらにこれらはテイラー＝システムやフォード＝システムに受け継がれ「流れ作業方式」のアメリカ的大量生産体制として完成し,自動車産業を隆盛に導き,アメリカの工業生産を支えていくことになるのである.

　こうした大量生産体制が経済システムとして確立されるためには,大量需要＝大量消費という前提が存在することが必要であった.そのためには,次第に発展しつつある西部と東部・南部とを1つの市場としてまとまりのある経済圏にし,統一的な国内市場を確立する交通輸送手段の確立と発展が不可欠であったのである.

第3節　交通革命

(1) 道路交通の展開

　独立戦争直後の主たる交通路は，河川とそれに接続する道路であった．河川航行はフォールラインと呼ばれる滝に遮られ，そこから先の内陸地へは道路に頼らざるを得なかった．しかし，その道路も石や切り株を取り除いた程度のもので，長期の雨天や融雪期には馬車通行は不能となった．最初に有料道路（ターンパイク）会社が認可されたのは1785年，ヴァージニア州内のアレクサンドリアからベリヴィルまでの短距離のものであった．その後，フィラデルフィア＝ランカスター間（総延長100km）のフィラデルフィア＝ランカスター＝ターンパイク会社が1792年に設立認可され，ランカスターからさらにピッツバーグまで延長された．ランカスター道路の成功により1810年代には多くの有料道路が建設された．この時期を有料道路の時代と呼んでいる．有料道路は最初はトレザゲ式の砂利道であったが，その後マガダム式の砕石を敷き込んだ道路が1820年代から建設されるようになった．

　合衆国において内陸開発が国内全土を道路と運河で網羅する体系的な輸送網として提起されたのは，1808年の財務長官ギャラティンの報告書がその最初であった．しかし，憲法上の理由から合衆国政府はそれらの企業を運営したり資金援助を行う権限をもたないと考えられ，道路や運河の経営は私企業および州政府の援助のもとに行われることになったのである．例外は，カンバーランド道路（メリーランド州カンバーランドからホイーリングまで130マイル（約208km）が1818年完成，その後ヴァンダリアまで1852年開通）が唯一の国道として建設された．この道路がオハイオ川流域とミシシッピー川上流地域の開発に果たした役割は極めて大きかった．有料道路や国道の建設によって輸送コストは低下したが，それでも輸送問題の解決にはならなかった．道路はまだニューイングランド地域内やペンシルヴェニア州の東西およびニューヨーク州の東西を結ぶような局地的なものに過ぎず，また重量物や嵩高な貨物の輸送には適さ

なかったからであった.

(2) 運河の時代

 有料道路時代のもう1つの主要な輸送路は内陸水路であった.1807年にはフルトンの蒸気船がハドソン川を航行し,1830年代に入ると,五大湖やミシシッピー川に蒸気船が走るのは日常の光景となっていた.河川航行の成功は川沿いの都市にとっては恩恵をもたらしたが,西部農民の輸送ルートは依然として河川下航に頼らざるを得なかった.大西洋沿岸諸州にとって,東部の工業製品を西部に供給し,原料・農産物を確保するためには,拡大しつつある西部との通商路を確保することが重要かつ緊急な課題だったのである.

 運河時代の幕開けとなったのは,1825年のハドソン川とエリー湖とを結ぶ363マイル(約580km)のエリー運河の開通であった.総工費は700万ドルであったが,開通後の9年間ですでに通行料は850万ドルを上回ったのである.この運河はハドソン川流域と五大湖周辺の西部との結びつきを確保しただけでなく,

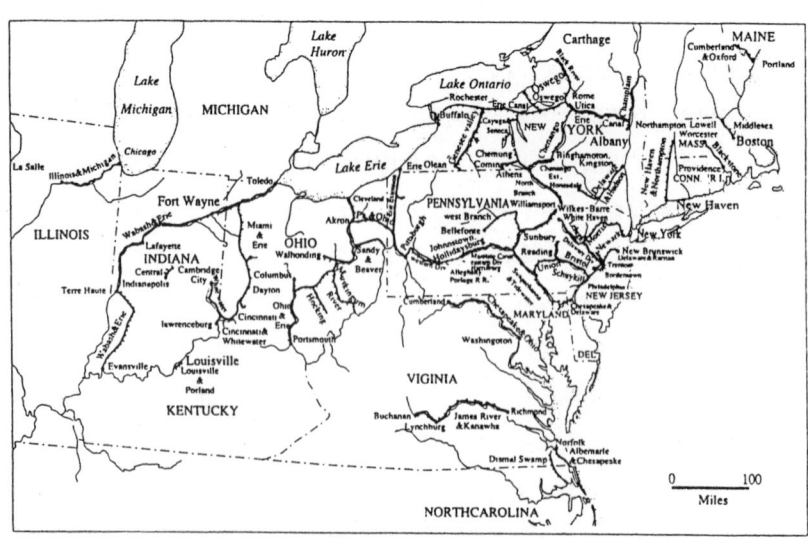

図7-5 1860年までの主要運河

出典) Ronald E.Shaw, *Canals for a Nation, The Canal Era in the United States 1790-1860*, Lexington, 1990, back cover.

それまで国際貿易の拠点として指導的地位にあったボストンにかわってニューヨーク港の台頭をもたらし，それ以後の商業・金融の中心地としてのニューヨークの圧倒的優位をもたらしたのである．

エリー運河の成功に刺激されて，20年代30年代に入ると西部を目指して州政府あるいは州政府から資金援助を受けた企業によって，「運河の時代」といわれるほど多くの運河が建設されたのである（図7-5参照）．1817年から1860年までの運河投資のうち州政府の投資は投資総額の62.3％に達した．運河建設は，州政府が州債を，あるいは運河会社が株式を発行するという形で資金調達が行われた．これらの州債や株式は，1830年代には主要運河債の3分の2が，そして1853年には58％が外国で保有されていたといわれており，建設は州政府主導で行われたが，資金はその多くを外国に依存していたのである．

アメリカの国内商品流通経路をミシシッピー川を下航する南回りから北回りへと変える（表7-2参照）ほど大きな成功を収めたエリー運河を除けば，西部をめざしてアパラチア山脈を運河で越えるには建設工事に困難を伴い，その他の多くの運河が失敗に終わった．しかしながら，運河は輸送コストの大幅な下落をもたらしたのである（図7-6参照）．とりわけ，1830年代以後，トン／マイル当たりの輸送費は急速に低下し，50年代には1セントを下回ったのである．さらにまた，運河は東西間の通商ルートの確立に貢献し，西部の農産物に東部という市場を与えることによって西部農業の発展に寄与し，北東部と西

表7-2　北西部商品の販売ルート別構成（1835-1853年）

年次	北東部ルート[1]	南部ルート[2]	東部ルート[3]	計
1835	23.7％	62.2％	14.1％	100.0％
1839	38.2	45.4	16.4	100.0
1844	44.1	43.9	12.0	100.0
1849	52.7	38.4	8.9	100.0
1853	62.2	28.9	8.9	100.0

注）1）エリー湖およびエリー運河経由
　　2）ミシシッピー河下流
　　3）ペンシルヴェニア運河，ピッツバーグ有料道路およびカンバーランド道路経由
出典）鈴木圭介編『アメリカ経済史』東京大学出版会　1979年　279ページ

とを強く結びつけたのである．このことによりアメリカは東部・西部・南部という産業基盤を異にする3つのセクションからなる経済構造を包摂することになるのである．

(3) 鉄道網の発展と国内市場の形成

アメリカで最初に鉄道が開通したのは，1830年のボルティモア・オハイオ鉄道であった．本格的に鉄道建設がピークを迎えるのは1840年代に入ってからであったが，50年代に入ると北東部と北西部を結ぶ四大幹線鉄道（ニューヨーク・セントラル，ニューヨーク・エリー，ペンシルヴェニア，ボルティモア・オハイオ）が完成し「鉄道の時代」が到来した．1860年には敷設距離は3万1,000マイル（約4万9,600km）に達し，世界最長の鉄道敷設国となった（図7－7参照）．そして69年にはセントラル・パシフィックとユニオン・パシフィック鉄道がユタ州プロモントリーで結ばれて最初の大陸横断鉄道が完成し，人々は駅馬車や運河や鉄道を使って楽に西部へ行けるようになったのである．鉄道は，その初期には水運や運河の補助的手段として出発し，主に旅客輸送によって支えられていたが，50年代に北東部と北西部が鉄道によって結ばれたことによって，主要な交通・輸送手段へと成長していった．50年代に完成した鉄道によって西部は穀物取引では南部よりも北部との関係を深めていくことになったのであり，こうした輸送網の西への拡大と発展が，北部・南部とは異なる西部という新しい社会の発展をさらに促進する

図7－6　輸送コストの下落（1784～1900年）

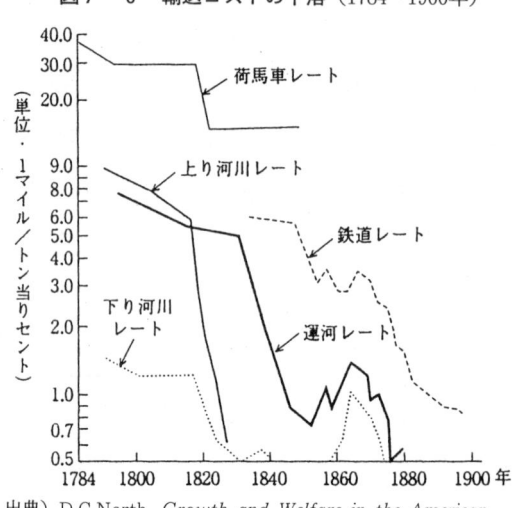

出典）D.C.Narth, *Growth and Welfare in the American Past*, 1996, p.111および秋元英一『アメリカ経済の歴史1492～1933』　東京大学出版会　1995年　66ページ

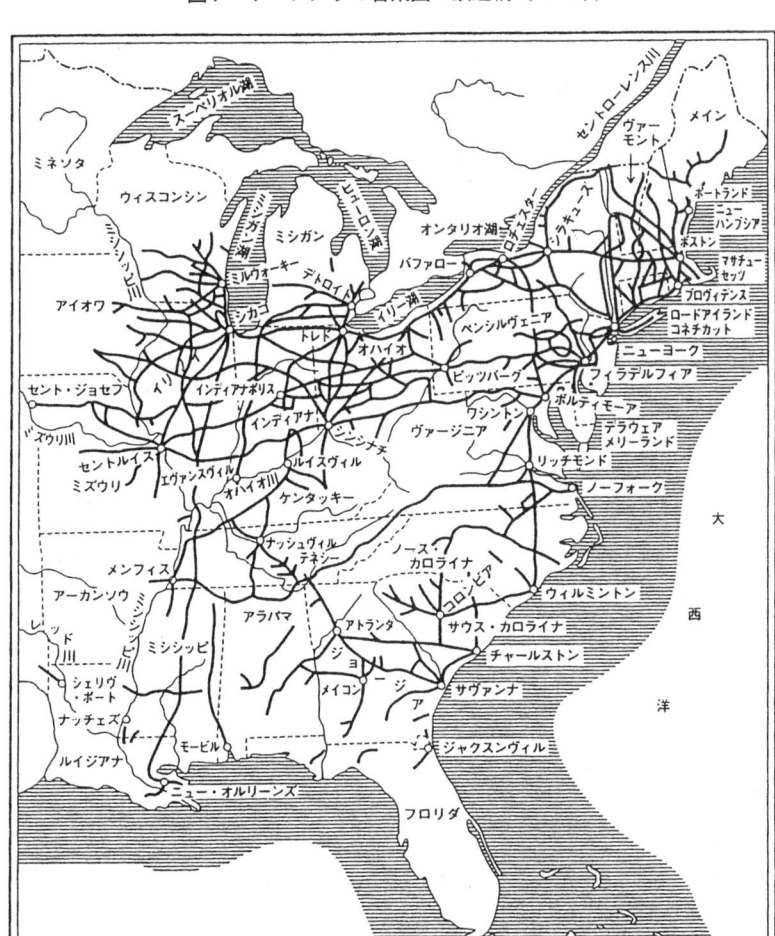

図7-7 アメリカ合衆国の鉄道網（1860年）

出典）H.U.フォークナー著（小原敬士訳）『アメリカ経済史』至誠堂 1976年 368ページ

ことになったのである．

　鉄道建設は運河と異なり，株式会社形態の私企業によって行われた．こうした企業に対して連邦政府は1億エーカー以上もの公有地を無償で払い下げたり，鉄道用の鉄輸入関税の減免を行うなど様々な措置によって鉄道建設を援助した．

鉄道建設には巨額の資金の調達を必要としたが，その多くは外国からの証券投資の形態で行われたのである．それらの証券はヨーロッパで売却され，なかでもイギリス資本の比重が圧倒的に高かった．こうした鉄道証券のヨーロッパでの売却を通じてモルガン商会などの投資銀行業者が台頭してくることになったのである．

鉄道による輸送コストの低下は運河ほどではなかったが（図7－6参照），鉄道と運河の間で，運河は穀物・木製品・鉱産物などの重量物で低価格な商品を，そして鉄道は小麦粉・家畜・畜産品および工業製品などの価格の比較的高い商品と旅客を輸送する分業体制が成立したのである．鉄道建設による他産業への波及効果は，南北戦争以前には鉄道業が経済成長の主導部門であったとW.W. ロストウが主張したほどには大きくなかった．というのも鉄鋼生産に及ぼす影響が大きくなるのは南北戦争後のことであり，鉄道網が統一的国内市場の形成に大きな影響を与え始めるのは1870年代以後のことであり，南北戦争以前におけるアメリカ鉄道業の意義は，北西部と中西部を結びつけ西部の発展に貢献し，やがて到来する，北部・西部・南部というセクションの形成を一層促進した点にあるといえるであろう．

第4節　農業の発展

(1) 中西部農業の発展

19世紀は農業もめざましい発展を遂げ，西部，なかでも中西部は穀作・牧畜の主要生産地となった．トウモロコシの生産統計が取られ始めた1839年には，テネシー・ケンタッキー・ヴァージニアといった南部の諸州がまだ生産の上位を占めていたが，1859年にはトウモロコシの国内生産量の13.7％を生産するイリノイ州が首位に立ち，上位4州までを中西部が占めるに至った．また，小麦の生産でも1859年には，イリノイ・インディアナ・ウィスコンシン・オハイオの各州が上位を占め，これにミシガンを加えた5州だけで全米の小麦の46％（中西部12州を合わせると55％）を生産していた．牧畜では，1850年に，ケン

タッキー，ミズーリを除く中部8州で羊の40％，牛の30％を占めていた．このように南北戦争前までに中西部地域は穀倉地帯としてその不動の地位を確立し，牧畜でもその生産量は増加しつつあった．さらに南北戦争後になると，1869年には中西部12州で小麦生産量は合衆国全体の67.7％を，トウモロコシ生産では全生産量の実に75％を占めるに至ったのである．

　中西部の農業は，1830年代に大陸中央部の草原地帯（プレーリー，大平原と分けて呼ばれる場合もある）への入植が始まってから本格的な発展期に入った．プレーリーにせよ大平原にせよいずれの地域も乾燥した表土は強い根を張った芝土に覆われていて，従来の森林地帯で用いられていた木製の犂では耕作は困難であった．犂は頻繁に改良が加えられ，1840年から1861年までにイーグル犂と呼ばれる鋳鉄犂が25,000台以上も販売され，1850年代後半には鋼製犂の需要も高まったのである．また，乾燥地帯に適応するために芝土を切り出して組み立てられたソッド・ハウスや半分地下にもぐったダッグアウトなどの住居が造られた．農業にとって最大の難問であった水不足も風車ポンプの発明で地下水を汲み上げられるようになって次第に解消された．また，イリノイ州の農民が1873年に発明した有刺鉄線なども1880年代には安価になって急速に普及し，フェンスで囲う牧場が一般化し，西部の特徴の1つであるカウボーイは過去のものとなったのである．

　こうした中西部農業の発展とそのために必要とされる農機具の開発・改良・製造と普及がアメリカ工業の発展をもたらしたのである．従って，アメリカの工業は西部農業の発展と緊密に結びついていたことが際だった特徴であったといってよいであろう．中西部における農業発展を保証したものの1つとして1862年に成立したホームステッド法が独立自営農民成立の法的保証を与え，そうした小農民が西部農業を支えていたのである．こうした小農民によって生産される小麦・トウモロコシといった19世紀後半の西部農産物は，19世紀前半の綿花やタバコの80％近くが輸出に向けられていたのに対し，その大部分は国内で消費され輸出に向けられたのは30％程度にすぎなかった．しかし，鉄道網の

拡大，大西洋航路の運賃下落などによってアメリカ西部農業とヨーロッパ市場とはより一層結びつきを強めていくことになったのである．そして，20世紀にはいると蒸気機関や内燃機関を用いた大型農業機械が導入され，農業の効率化が進行して弱小農民の切り捨てが進み，大型機械によって機械化され商業化された大規模農場に特徴づけられる今日のアメリカに一般的にみられる農場が出現するのである．

(2) 南部綿作モノカルチャーの発展

ヴァージニアで1619年に最初の黒人奴隷が輸入されたが，南部ではタバコ栽培をはじめとしたプランテーションの発展につれて，白人の年期奉公人ではなく黒人奴隷による奴隷制プランテーションが拡大していった．しかし粗放農法によってタバコが生産されたため地味の枯渇が著しく，またタバコの輸出市場の価格変動などによりタバコ生産は厳しい状況におかれることが多かった．そうした状況から南部を脱却させ，奴隷制プランテーションを確固たるものにしたのは，新作物の綿花の登場であった．南部の綿花生産は独立後，サウスカロライナやジョージアで長繊維の海島綿が栽培されていたが，内陸地での栽培には適さなかった．しかし，短繊維の陸地綿の導入とE.ホイットニーの綿繰機の発明により，種子と繊維の分離作業の生産性が飛躍的に上昇し，内陸地への綿作拡大の条件が生まれたのである．他方，南部綿作の発展を促進した最大の要因は，イギリス産業革命による原綿需要の急激な増大であった．イギリスは綿花輸入の多くをアメリカ南部に求めたのである．1790年には3,000ベール強であった南部綿花の生産量は，1820年には33万ベール，1840年には134万6千ベール，1860年には383万7千ベールと急激に増加していった．

この急激な綿花生産の拡大は，奴隷制の拡大・強化をもたらし，新たに開発された諸州である，アラバマ，ミシシッピ，ルイジアナ，アーカンソーといった南西部諸州に奴隷制プランテーションが拡大し，こうした地域は南北戦争前には「綿作地帯（コットンベルト）」を形成したのである．南部の黒人奴隷人口は，1800年の89万人から30年の200万人へ，そして60年には395万人へと増大

していった．奴隷制綿花プランテーションが発達すればするほど南部社会はモノカルチャー化し，イギリス市場への依存を強めざるをえなかった（1860年にはその輸出の70％が対英輸出に向けられた）．こうしたなかで，南北戦争前にはウィリアム＝グレックなどのような工業化を推進しようと試みた人物もいたが，綿花プランテーションが社会のすべてを支配する南部では工業化は進展しなかったのである．1860年には工業生産額で8％を占めるにすぎなかった南部ではあるが，人口比で38％，輸出総額では58％を占めるに至った南部は，合衆国に外貨をもたらす生産物の生産地域としてその立場を主張しはじめるようになったのである．

　綿花は北部の委託代理商によって輸出されていた．彼らは単なる委託販売だけを行ったのではなく，プランターに資金を提供しプランテーション経営にも介入して利益を搾取し，場合によってはプランターが負債にしばられる場合もあった．南部プランターは，イギリス経済に従属するだけではなく，北部のこうした貿易商人にも従属する側面を有することとなったのである．南部は，北部の産業資本が工業を基盤とした国民経済形成を指向する方向を目指したのとは全く異なる南部プランター固有の利害（自由貿易，イギリスとの綿花の直接取引）を形成する事になり，その結果，連邦から分離し南北戦争という合衆国史上例のない62万人という犠牲者を出す内戦を引き起こすことになったのである．

第5節　南北戦争後のアメリカ

(1)　北部主導の工業発展

　南北戦争以前のアメリカは，工業の北部・農業中心の西部・奴隷制の南部という，経済基盤と社会制度を全く異にする3つの地域の集合体であった．奴隷制の南部はイギリスに綿花を輸出して外貨を獲得し，それによって工業製品を輸入していた．他方，産業革命が軌道に乗り，工業化が飛躍的に進展していた北部にとって，先進工業国であるイギリスから安く工業製品を輸入されるのは

不都合であった．南部と北部は自由貿易か保護貿易かをめぐって激しく対立した．この対立は，西部に生まれた新しい州を連邦に加入させる際に奴隷州とするか自由州とするかの対立となって現れた．1850年には自由州が奴隷州を上回り，60年までに新たに2つの自由州が連邦に加わって，南部はますます少数勢力となっていた．結局，61年に南部諸州がアメリカ連合国を作って連邦から脱退し，ここに南北戦争が勃発した．しかし北部が南北戦争に勝利したことで，1619年に黒人奴隷がアメリカに輸入されて以来，二百年以上にわたって南部社会に根をおろし資本主義の発展にとって障害となっていた奴隷制は解体され，連邦の主導権は工業を基盤とする北部の掌中に握られた．この後，アメリカの資本主義は急速に発展し，1894年にはアメリカの工業生産額はイギリス・フランスの合計をも越えて世界第一の工業国となった．そして，アメリカは世界に先駆けてU・Sスティールに代表される巨大独占資本を成立させることになるのである．

(2) **工業化による価値観の転換**

19世紀後半は資本家がアメリカの政治・経済の主導権を握るようになり，それと共に物の考え方や意識も変化していった．南北戦争前のアメリカは農業を基盤とする社会であり，自分の農場を所有するのがアメリカの夢であったことに象徴されるように人々の生活や理想も極めて牧歌的で，勤勉や誠実なことが美徳とされていた．しかし，南北戦争後のアメリカ社会は工業中心の都市的な社会へと変わり，物欲的精神と事業欲が支配するようになった．「金ぴか時代」といわれるこの時代は，金持ちになることが人生最大の目的であるかのようにいわれたのである．この時期に登場するのが，貧しい家庭に生まれながらも努力と才覚で成功した鉄鋼王のカーネギーや石油王のロックフェラーなどの企業家であった．彼らこそ，この時代の「アメリカの夢」である「ボロから富へ」の神話の体現者であった．しかし他方で，アメリカの産業発展に貢献した多くの労働者は富の恩恵にはあまり与らなかった．この労働者のほとんどが移民であった．1880年代までは北・西欧（旧移民と分類される）からの移民が圧倒的

だったが，90年代に入ると南・東欧（新移民と分類される）からの移民が半数以上を占めるようになった．彼らは貧困で教育もない者が多く，アメリカへ来れば何とかなるという思いでやってきたが，フロンティアはすでに消滅し資本も経験もなかった彼らが農民になることは困難で，東部の大都市や鉱山で不熟練労働者となる以外に方法はなかった．都市には高層建築が出現する一方で，貧しい労働者や移民が密集するスラム街が出現したのもこの時期の特徴の1つであった．現在もアメリカが抱えている問題がこの時期にはすでに現れていたのである（移民をめぐる問題については第6節を参照）．

(3) 南部「再建（リコンストラクション）」政策

　南北戦争に勝利をおさめた北部にとっての課題は，南部の政治的・経済的混乱を収拾して新しい南部をどのように「再建」するかということであった．1863年1月1日に正式に発効・交付された奴隷解放宣言によって，黒人に政治的自由が与えられたが，それまで奴隷法によって動産と規定されていた奴隷が解放されたことによって南部プランターはその資産を失うことになったのである．戦災と共にこのことが南部経済に大きな打撃を与え，生産は停滞し麻痺状態に陥った．奴隷解放後の南部のこうした状態のなかで，選択されるべき道は2つあった．1つは解放された元奴隷に生産手段を与えて経済的自立を図るという，共和党急進派の政策と，他方は共和党保守派のいわゆる「宥和政策」であった．急進派の土地分配構想は，「40エーカーの土地とらば（驟馬）一頭」というスローガンと共に解放された黒人たちに土地分配の期待を抱かせたが，それはごく限られた地域で一時的に成功したが一般的なものとはならず，結局，保守派の「宥和政策」が実施されたのである．

　それは南部の根本的改革を行うことなく，南部を連邦に復帰させようとした北部産業資本を支持基盤とする共和党保守派の政策の結果であった．南部の旧白人支配層は復活し，戦前の奴隷法に代わる黒人取締法（ブラック・コード．移動制限・職業制限・浮浪取締り・職業制限・土地所有制限などが含まれる）さえ容認されたのである．白人による黒人排斥団体KKK（クー・クラックス・

クラン）の活動も活発になり，土地改革は完全に挫折し，黒人は生活手段も生産手段も与えられぬまま無一文で「解放」されたのである．結局，解放された黒人は元のプランテーションに戻る他なかった．そうした状況の下で，1869年頃からシェア・クロッピング制が普及し始めた．それは地主（旧プランター）が小規模に分割した農地，種子，肥料，農具を提供し，生産手段を借りた小作人（クロッパー＝旧奴隷）が商品作物を家族単位で生産し，収穫期に作物を地主と小作人の間で折半（シェア）するというものであった．

しかしながら，この制度の下でクロッパーの経済的自立の道が計られるどころか，逆に地主に一切の生産手段を依存しなければならず，地主からの前借りを返済できずに債務奴隷化することが多かった．また，生産作物についての地主からの監督や指図も強化され，クロッパーの隷属性は解放前と変わらずに堅持された．そして，このことが南部の綿作モノカルチャー化を一層助長するという結果をもたらしたのである．

第6節　アメリカ移民と「資本主義の精神」

(1) アメリカにおける資本主義の発展と移民

「移民の国」といわれるアメリカの19世紀は，「ボロから富へ」という，現在では神話となってしまったことが実現し得た時代であった．第7代大統領アンドリュー＝ジャクソンに「アメリカ製造業の父」と賞賛されたS.スレーターや，20世紀初頭の鉄鋼王として有名なアンドリュー＝カーネギーなども移民としてアメリカにやってきて，一代で財を成し，歴史に名を残す企業家となったことは良く知られているところである．またこのような事実が存在したことによって，アメリカは「希望の地」であり「自由の国」であるという評判が高まり，こうした評判やイメージに引きつけられて多くの移民がアメリカにやってきたのである（好況などの景気変動要因も含めて"プル要因"と呼ばれる）．

しかしながら，アメリカにやってきたすべての人間が成功して階級を一気にかけ昇って，「ボロから富へ」を現実のものとしたわけではない．神話を現実の

ものとし得たのは移民の中でも一握りの人びとであった.

移民が急増し始めた19世紀初頭（表7-3参照）のアメリカは、まさに産業革命が進行していた時期であった。アメリカに多数流入したこの時期の移民は、通説的には、産業革命期の労働力を補完したとされている。これらの移民の多くは、ヨーロッパの原始的蓄積の所産としてヨーロッパから排出されたものであり（送出国の不況などの景気変動要因も含めて、"プッシュ要因"と呼ばれる）、19世紀後半以降になるとそのほとんどが工業労働者とならざるを得なかったのである。19世紀を通してみた場合、移民からは労働者のみならず資本家として成功した者も輩出し、アメリカ資本主義の発展を支えたということができるであろう.

表7-3 アメリカへの移民
流入数の統計

年代	移民数
1821～1830	151,800
1831～1840	599,100
1841～1850	1,713,300
1851～1860	2,598,200
1861～1870	2,314,800
1871～1880	2,812,200
1881～1890	5,249,600
1891～1900	3,687,600
1901～1910	8,795,400
1911～1920	5,735,800
1921～1930	4,107,200
1931～1940	528,400
1941～1950	1,035,000
1951～1960	2,515,500
1961～1970	3,321,700
1971～1980	4,493,300

出典）野村達朗『「民族」で読むアメリカ』講談社 1992年 79ページ

(2) 資本主義の発展とヴェーバー・テーゼ

ところで、18世紀および19世紀のアメリカにおける資本主義の生成と発展を語るときに必ず言及されるのが、マックス=ヴェーバー『プロテスタンティズムの倫理と資本主義の精神』において展開された、有名なテーゼである。ヴェーバー・テーゼはごく簡単に整理すれば次のように理解されていると考えてよいであろう。近代資本主義の特質は、非合理的な利潤獲得を目的とする賎民資本主義（Paria-Kapitalismus）とは全く異なり、正当な利潤を合理的に追求するという合理的経営資本主義であると考えた。そしてその心理的起動力＝資本主義の精神、すなわち勤労や節約といった市民的心情倫理は、「あたかも労働が絶対的な自己目的＝天職 Beruf であるかのように励むという心情」であり、

そうした天職倫理は，カトリック的な禁欲＝世俗外的禁欲ではなくて，プロテスタント的禁欲の精神，すなわちプロテスタントの世俗内的禁欲の精神から生まれたのであり，さらにこうした心情は，興隆しつつある中産階級の中にのみ見られるものであり，彼らを内面から押し進めたのがまさにプロテスタンティズムの倫理であった．そしてヴェーバーが考えた中産階級は，近代西ヨーロッパおよびアメリカ合衆国にしかみられない，というものである．

ここで注意しておかなかればならないのは，ヴェーバーが資本主義の精神の担い手としてあげているのは資本家ばかりではなく，労働者もその中に含まれているという点である．

(3) アメリカにおける「資本主義の精神」と移民

アメリカはこれまでの研究史の中で，ニューイングランドが産業革命の揺籃の地となり，そこから資本主義的発展が拡大していったと考えられている．確かに，ニューイングランドでは，初期にはいちじるしいピューリタニズムの発展が見られ，19世紀の初頭まで，とくにニューイングランドに限っていえば，アメリカは「純粋培養」的にあるいは「典型に近い」形で資本主義が発展していったといって良いであろう．しかしながら，産業革命が本格的に展開し始める19世紀初頭以降，「純粋培養」的ではない，あるいは「典型」とはいえないような部分を考慮に入れなければならない．すなわちそれは，補完労働力としてのアイルランド人移民などの存在である．アイルランド人移民はそのほとんどがカトリックであることを考えると，ヴェーバーが考えたピューリタニズムの体現者という対象には含まれないが，19世紀の40年代以後急速にアイルランド人移民数が増加し，そのほとんどが木綿工業の労働力として，当時急速に発展しつつあった木綿工場に吸収され，その工場制の発展を支えたのである．そうした部分が持つ歴史的意味について明らかにしなければ，ヴェーバーが示した資本主義の精神を担う資本家・労働者という2つの構成要素を含む全体像を明らかにすることにはならず，それゆえ，アメリカにおける資本主義の発展の担い手についても明らかにし得ないのではないかと思われるのである．

とくに解明が必要だと思われるのは，労働者の営利心，すなわち労働者層の資本主義の精神の問題である．資本主義精神起源論論争のなかで言及されてきてはいても，歴史的実態（もちろん，各国によってそれは異なるであろう）が十分に明らかにされていないように思われる．ヴェーバーも随所で述べているように，資本主義のエートスの担い手は資本家だけではなく，労働者についてもそれが求められているのである．つまり，労働者も勤労の倫理や節約の倫理を身につけている必要がある．また，ヴェーバーの論理展開からいって，どちらか一方のみでは資本主義的産業経営は成立しないことになるであろう．

ところで，近年のいわゆる新しい労働史研究の中で明らかにされてきているところによれば，アメリカにおける工業化以前の労働者には，勤労の倫理は乏しかった．また，アメリカの18, 19世紀の労働者について，勤勉・節約といった勤労倫理とは対極をなすと思われる，飲酒や過度の飲酒習慣についての研究をみても，アメリカの労働者に限っていえば，ヴェーバーがいう心理的起動力としての作用が働き，勤労倫理が十分に浸透しそれを実践した労働者が大量現象としてみられたとはいえそうもないような事態が次第に明らかにされてきている．

またアメリカの場合，封建制そのものを欠いているという点を考えると，ヴェーバーのいうような「伝統主義的」なものの考え方がそもそも希薄であり，さらにアメリカに渡ってきた移民は伝統主義から決別するためにアメリカにやってきたといっても過言ではないであろう．そうであればいっそうそうした点を考慮に入れて考えてみる必要があるであろう．労働者の営利心と移民（特に移民労働者のなかのプロテスタンティズムの倫理と資本主義の精神）とを関連させて考えると，それらとアメリカ資本主義の成立と発展をどのように関連させて理解すればよいのか．問題はより複雑になるように思われる．

他方，移民企業家の「資本主義の精神」の方はどうであろうか．産業革命期の企業家理念といえども忽然と現われたわけではなく，それ以前の企業家理念の継承の上に成り立っている．しかしながら，ここで移民企業家が主役を担っ

たとすれば（もちろんすべてが移民企業家であるわけではないが，出自を辿ると2～3代前に移民してきた例が多くみられる），その理念の継承関係はきわめて複雑なものにならざるを得ない．こうした企業家理念の起源を辿るためには，その移民企業家の母国での出自や宗教的背景にまで遡って考察することが是非とも必要となるであろう．

これらの点は，19世紀末から20世紀初頭にかけてアメリカの資本主義が飛躍的な発展を遂げたことを考えると，ヴェーバーが考えた資本主義に適合的な資本家や労働者ばかりではなく，むしろ適合しない，ないしは適合しようとしない大量の労働者群をいかに資本のコントロールの下に置くかが重要な鍵であったことを逆に示すものであると言えるであろう．その結果としてギャング・システムや内部請負制などを経て，テイラー・システムという科学的管理の方法が，そうしたアメリカだからこそ確立したのだと言って良いであろう．

☞ 学習の課題

1. 後進国産業革命としてのアメリカの産業革命はどのような特徴をもっていたのか考えてみよう．
2. アメリカの技術は，技術開発・技術移転という点からみるとイギリスとはどのように異なるのか考えてみよう．
3. 労働力の国際移動としてのアメリカへの移民は，アメリカの発展にとってどのような役割を果たしたのか考えてみよう．
4. アメリカ経済は，19世紀を通じて国内的にまた国際的にどのように変化したのか考えてみよう．

📖 参考文献

・岡田泰男・須藤功編著『アメリカ経済史の新潮流』 慶應義塾大学出版会 2003年
・川島浩平『都市コミュニティと階級・エスニシティ』 御茶の水書房 2002年
・浅羽良昌『アメリカ経済の興亡』 東洋経済新報社 1996年
・秋元英一『アメリカ経済の歴史』 東京大学出版会 1995年
・野村達朗『「民族」で読むアメリカ』 講談社 1992年
・野村達朗『フロンティアと摩天楼』 講談社 1989年
・安武秀武『大陸国家の夢』講談社 1988年
・鈴木圭介編『アメリカ経済史』Ⅰ・Ⅱ 東京大学出版会 1972, 1988年

・マックス゠ヴェーバー（大塚久雄訳）『プロテスタンティズムの倫理と資本主義の精神』
　岩波書店　1987年
・永田啓恭・岡田泰男編『概説アメリカ経済史』有斐閣　1983年

第8章　日本の工業化

第1節　開国の衝撃

(1) 通商条約の締結

　18～19世紀に産業革命を達成したイギリスを先頭とする資本主義諸国は，工業製品の輸出先を求めて海外に進出した．たとえばイギリスは多くの国・地域に大量の綿織物を輸出した．1840年には中南米に2億8,000万ヤード，1860年にはインドに8億3,000万ヤードの綿織物を輸出するようになり，アジアへも進出した．インド植民地からアヘン戦争（1839～42年）によって中国にまで進出するようになったが，アメリカもアジア，とくに中国に進出しようとしていた．日本の開国は，諸外国のこのような海外進出の動きの一部として要求された．

　日本の開国は，太平洋岸に進出し，中国への関心を高めつつあったアメリカによってうながされた．1854（安政元）年に，日米和親条約が結ばれた．アメリカの当面の目的が太平洋横断汽船に水・食料・石炭などの欠乏品を日本から供給してもらうことにあったので，この条約では通商についての規定はなかった．その後1858（安政5）年7月に日米修好通商条約が結ばれた．この条約では通商について規定されていたが，不平等条約であった．それは領事裁判権（外国人が被告となる裁判はその国の領事が行う）が承認され，関税自主権（関税の高さを日本が自由に決める）が認められないで協定税率になっていたからである．協定税率では輸出品は一律に5％とされ，輸入品は20％であった．1858年8月に結ばれた日英通商条約では，先の日米条約とほとんど同じ内容であったが，輸入品の中で重要な綿製品と羊毛製品の関税は5％に引き下げられた．その他の輸入品は20％であったが，まもなくイギリスは5％に引き下げることを要求

した.1866(慶応2)年に改税約書がイギリス・フランス・アメリカ・オランダの4カ国との間で結ばれ,輸入税は大部分の商品に対して従価5％を基準とする従量税となった.1858年イギリスと清国との間で結ばれた天津条約と同一の内容であり,大変低い関税に引き下げられたのである.

それでは領事裁判権が廃止され,関税自主権が回復するのはいつのことであろうか.まず1894(明治27)年の日英通商航海条約によって領事裁判権が廃止され,関税自主権の一部が回復した.その結果,1897(明治30)年に制定された関税定率法によって輸出税は全廃され,輸入品497品目に対して5％ないし40％の国定税率が定められたが,まだ協定税率も残されていた.たとえばイギリスに対しては綿糸・綿織物など重要品には最高15％と限定される協定税率が残されていた.その後の急速な工業の発達と日露戦争の勝利とによるわが国の国際的地位の向上によって,1911(明治44)年の第2次条約改正では関税自主権が全面的に回復し,大部分の商品に国定税率が適用された.すなわち原料・食料等は,無税または5％,10％の低率となり,半製品は30～40％,完製品は50～60％になり,やっと日本の工業を輸入品から守れるような関税率(平均約30％)となった.こうして日本は50年近くの不平等な地位からぬけ出して,自主的に関税による産業保護政策を実施できるようになったのである.日本の産業革命は1880年代後半［1885(明治18)年以後］に始まるので,低率の関税のために日本の工業が外国の工業製品との競争にさらされるという不利な条件の下で産業革命が開始され,進行したのである.

(2) 外国貿易とその影響

1) 幕末(1859～67年)

1859年の横浜・長崎・函館の開港(港を開いて外国との通商を許す)とともに,貿易額は急速に増大した.主な輸出品は生糸・茶で,生糸は平均60％以上を占めた.輸入品は綿織物・毛織物・綿糸・金属などであった.貿易の相手国は,イギリスが輸出,輸入とも第1位を占め,次がアメリカであった.このように幕末の外国貿易では,日本は不平等条約の下で原料(生糸)・食料(茶)を輸

出し,工業製品を輸入する,イギリスの植民地と同じような貿易をせざるをえなかったのであり,いわば半植民地的状態におかれたといえる.

このような外国貿易の影響としてあげられるのは,①一般物価の大幅な上昇であった.その理由は2つある.1つは金銀比価が日本と外国で大幅にちがうので,さかんに外国人が日本で銀を金にかえたので,金が大量に流出した.このため国内の金銀比価を国際比価へあわせるために鋳貨の改鋳［1860（万延元）年］が行われ,金銀貨流通量が5,300万両から1億3,100万両に増大したからである.もう1つは輸出によって商品に需要と供給の不均衡が生じ品不足がおきたためである.次に②重要な輸出品となった生糸の場合,輸出の増大につれてその生産量が急速に増大した.③生糸輸出の増大は,国内の絹織物業へ原料生糸の供給を激減させ,そのため西陣や桐生など代表的な絹織物業地方では,休業する機屋が続出した.④安く,規格の統一した綿織物が大量に輸入されたために綿織物生産が減少し,多くの綿織物生産地が壊滅したのである.

2) 明治初期（1868～80年）

1868（明治元）年を100とすると,1877（明治10）年には輸出が150,輸入が256に達した.この間ほとんどの年で輸入超過になり,貿易収支は赤字であった.この結果,毎年多額の金銀が流出した.主な輸出品は幕末と同じ生糸・茶などの原料や食料で,主な輸入品は綿糸・綿織物・毛織物・機械類などの工業製品であった.開港以来一貫して首位の綿織物の輸入は1873（明治6）年をピークに減りはじめ,反対に綿糸の輸入が急増し,1878（明治11）年に綿織物を抜いて最大の輸入品になった.

このような外国貿易による影響としてまず注目されるのは,安い工業製品,とくに安く規格の統一した綿織物の輸入のために綿織物生産が減少し,多くの綿織物生産地が衰退したことである.また綿織物生産の衰退と安い輸入綿糸の増加とは手紡ぎに壊滅的な打撃を与えた.次に綿糸の輸入増加は,先の手紡ぎを壊滅させただけでなく,輸入綿糸を使った安い綿織物の生産を増加させることになった.大阪・愛知・埼玉・栃木などの先進綿織物生産地では輸入綿糸を

利用して新しい発展をとげ，綿織物の輸入を減少させたのである．

第2節 国家の経済政策

すでに述べたように貿易による経済的圧力に対し，新しい生産技術や機械を採用して工業の発達をはからなければならなかった．新しい生産技術や機械の採用，すなわち先進国の近代産業の移植・育成のために国家の経済政策が大きな役割を果した．それは次の4つにわけられる．

(1) 幕藩営工業の継承

新しい生産技術や機械の採用は幕末に諸藩や幕府によって開始された．1872 (明治5)年，政府は薩摩藩から堺紡績所（1870年完成）を継承し，これを官営模範工場とした．また幕府の施設を継承して官営の兵器製作工場がつくられた．たとえば旧幕府の横須賀製鉄所を官収して横須賀造船所および横須賀海軍工廠が設立された．また旧幕府の長崎製鉄所の機械を官収して，大阪城内に移し1870年に大阪砲兵工廠がつくられた．

(2) 官営事業

1870年設立の工部省，73年設立の内務省は殖産興業政策を行い，政府の資金を投入して近代的生産技術を導入し，経営者の育成の促進をはかった．兵器の生産，鉄道建設，電信敷設，（金・銀・銅の）鉱山の開発などや木綿工業の紡績業や絹工業の製糸業などを行ったのである．

1) 木綿工業（紡績業）

1878年にイギリスのマンチェスターからミュール紡績機4台および関連機械から成る1組で2,000錘の紡績機を2組買い入れて，愛知紡績所と広島紡績所を設立した．愛知紡績所は1781年開業以来官営模範工場として紡績技術や工場経営の指導に貢献した．広島紡績所の規模は先のミュール紡績機1組2,000錘，水車25馬力，職工（労働者）約100名程度で，愛知紡績所の場合もこれに似た規模であった．次に1879（明治12）年政府は起業基金22万円で同じく2,000錘のミュール紡績機10組を購入し，それぞれ無利息10カ年賦で払い下げた．こうし

て全国に9カ所の紡績所がつくられた．これらの紡績所は1882（明治15）～85年の間に相ついで開業し，それぞれの地方を中心として機械制紡績を普及せしめた．しかし，ミュール紡績機2,000錘をもつにすぎなかったので，この時期のイギリスの工場と比較すれば小規模であり，しかもその多くが動力機として水車を利用していたため大きな遅れがあった．

2）絹工業（製糸業）

1870（明治3）年頃，フランス人のブリュナの技術指導の下に，機械や資材をフランスから輸入して富岡製糸場（官営の生糸模範工場）を建設し，72（明治5）年から操業に入った．この創業資金は20万円近くに達し，工場は300釜，工女210人余りの巨大なもので，工女は多く士族の子女を各地から雇い入れた．いわゆる富岡工女は，ここで器械製糸技術を習得し，彼女らの郷里において器械製糸の普及に指導的役割を果した．このほか1873年には勧工寮製糸場などが設立されたが，このような器械製糸場はいままでの製糸業に器械製糸を普及させ，こうして器械製糸は官営模範工場などを通じて各地に普及し，いままでの座繰製糸にとって代った．

木綿工業では開港による海外からの安い綿糸や綿織物の輸入が，いままでの道具に依存する木綿工業を衰滅させたため，機械が導入されるようになった．これに対して絹工業の製糸業では，まさに対照的に生糸の輸出の激増のために座繰製糸に代って器械製糸が行われるようになった．これらの官営企業は，新しい生産技術や機械を採用するのにいちじるしく貢献し，産業革命の開始に大きな役割を果した．

(3) 外国人技術者の招待・技術者養成機関の設立

政府は新しい生産技術を採用し，日本人技術者を養成するために，まず多くの外国人技術者を招いた．政府は1880年代半ばまで多い時期には年数百名にのぼる多数の外国人技師・教師をきわめて高い俸給で雇用した．次に日本人技術者を養成し，外国人技師に依存しないですむようにさまざまな技術者養成機関を設立した．1873（明治6）年には工学寮工学校が開校し，1877（明治10）年

(4) 官営企業の払下げ

(2)で述べた官営事業は，国家の資金によって新しい生産技術や機械を先進諸国からとり入れるのに役立ったが，官営事業によってつくられた官営企業は，民間に払い下げられて政商から近代的企業家への転化，政商から財閥への成長を促進した．官営時代に技術・経営については十分な試行錯誤が行われ，いわば「最初の企業者の失敗」が政府の負担によって済んでいたのである．1880（明治13）年に公布された工場払下げ概則以後，官営企業が民間に払い下げられた．表8－1が示すように軍事・交通・通信を除く官営企業は，政府と特別の関係にあった商人（政商）に有利な条件で払い下げられた．すなわち投下資本額をはるかに下回る安い価格で，支払方法も長期の年賦が認められ，その間は無利息であった．

以上のような国家の経済政策によって産業革命が準備されたが，その前にもう1つの前提として忘れてはならないことは，明治政府によって人びとの移動の自由や職業の自由が認められたことである．まず1869（明治2）年諸道の関所が廃止され，1871（明治4）年には廃藩置県によって農民の土地への緊縛が解かれ，移動の自由が認められた．次に1872（明治5）年に華族・士族の農・工・商業の営業許可が出され，農民が商業を営む自由など職業の自由が認められたのである．

表8－1　官営工場払下げ状況　　　　　　　（単位 万円）

払下げ年	物　件	投下資本額 (1885年末)	払下げ 価　格	払受け人
1882	広島紡績所	5.4	1.3	広島綿糸紡績会社
85	長崎造船所	113.1	52.7	三菱
87	釜石鉄山	237.7	1.26	田中長兵衛
93	富岡製糸場	31.0	12.15	三井
96	佐渡金山	141.92	173.0	三菱
96	生野銀山	176.09		

出典）大石嘉一郎・宮本憲一編『日本資本主義発達史の基礎知識』有斐閣，1975年，84ページより作成．

第3節　産業革命の進展

(1) 木綿工業

日本の産業革命でも木綿工業，とくに紡績業が急速な発展をとげ，主導部門の役割を果した．

1) 紡績業

紡績業は急速に発展したが，その中心になったのは民間の大規模な紡績会社であった．1882（明治15）年明治実業界のリーダー渋沢栄一の企画によって資本金25万円で大阪紡績会社（その後東洋紡績）が設立された．こうしてミュール紡績機15台（1台700錘），1万500錘の紡績工場が大阪につくられた．これは先の愛知紡績所と比較すると大変大規模な工場であり，蒸気力を原動力としただけでなく，はじめて電灯照明をとり入れて夜間操業を行った．その理由は，

図8－1　明治39年に入社の鹿児島県知覧出身者たち

注）尼崎紡績株式会社本社工場にて
出典）『ニチボー七十五年史』ニチボー株式会社（ユニチカ株式会社）　1966年

輸入紡績機はイギリスにおける紡績機の価格よりも3〜5割高であり，しかも安い輸入綿糸と競争しなければならなかった．そこで紡績機などを最大限に活用し，低賃金労働者を多く用いることが必要になったために紡績機を徹夜で運転せざるをえなかったのである．この大阪紡績会社の成功によって，1886（明治19）〜90年頃にかけて続々と大規模な紡績会社が設立された．たとえば東京紡績（1887年，資本金50万円，1万錘），鐘淵（かねがふち）紡績（1887年，資本金100万円，2万8,920錘）などで，こうして全国の紡錘数は1885年の8万錘から1890年の36万錘に急速に増大した．このように紡績業の機械化は1880年代後半に開始され，機械化が急激に推進されたが，とくにリング紡績機が急速に採用されたのである．リング紡績機は扱いやすく，したがって賃金の安い女工（女子工員）でも操作でき，しかも1人当りの生産量がミュール紡績機よりもはるかに多かった．そこで当初大阪紡績会社などではミュール紡績機が使われたが，リング紡績機が急速にとって代った．それとともに女工が増大し，生産費の引下げによる綿糸価格の引下げが可能になった．こうして1895（明治28）年にはリング紡績機の紡錘数が約60万錘に達し，全体の89％を占めるようになり，綿糸生産量も1886年の1万6,000梱（こおり）から1895年の38万4,000梱に増大したのである．

　このような機械化の進展による紡績業の発展を可能にしたのは，紡績会社に対する銀行の資金援助であった．先の大規模な紡績会社はいずれも株式会社の形態をとった．これらの会社の株主に対して銀行が株式を担保にした貸付によって援助したのである．1872（明治5）年の国立銀行条例の公布，1876（明治9）年の同条例の改正によって民間の株式会社組織の多くの国立銀行がつくられた．これが紡績会社の株式を担保にしてさかんに貸付を行った．こうして一般に国立銀行の貸付金のうち株式担保貸付の占める割合が96年には60％に上昇したのである．また紡績会社が綿花を購入する資金の貸付も行われた．紡績会社は国産の綿花より安い輸入綿花を使った．最初は主に中国の綿花を使用したが，インドの綿花を使用するようになった．この綿花輸入は，1893（明治26）年の神戸-ボンベイ航路の開設によって運賃が引下げられて本格化した．さらに1896

(明治29) 年の綿花輸入税の廃止によって促進された．紡績会社は綿花を輸入する商社から約束手形を使って綿花を購入した．商社は横浜正金銀行・市中銀行で手形の割引を受け（手形の期限まで貸付を受ける），さらにまた銀行は日本銀行でその手形の再割引を受けるのであって，こうして紡績会社が綿花を購入する資金は銀行によって貸付けられ援助されたのである．

　以上のようにして実現した機械化の進展は次に述べる事情とともに綿糸の輸出を激増させる要因となった．とくにリング紡績機の採用によって，安い労働者の賃金がさらに節約されて生産費がおさえられ，さらに1893年の神戸-ボンベイ航路の開設によるインド綿花運賃の切り下げや1896年の綿花輸入税の廃止によっても生産費が引き下げられて価格の引下げが可能になり，対外的に綿糸の競争力が強化された．また日清戦争［1894（明治27）～5年］を契機に中国・朝鮮市場への輸出が激増したのである．1888（明治21）年には輸入綿糸が国内消費の58％を占めたが，紡績機でつくられた綿糸がふえ1890（明治23）年には綿糸の生産量が輸入量をこえ，さらに1897（明治30）年に輸出量が輸入量を上回った（図8-2参照）．

　以上のように機械化の推進，とくにリング紡績機の急速な採用，紡績会社に

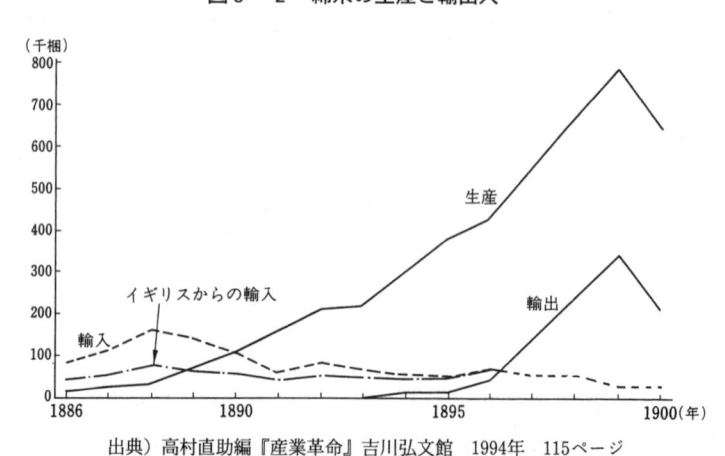

図8-2　綿糸の生産と輸出入

出典）高村直助編『産業革命』吉川弘文館　1994年　115ページ

対する銀行の資金援助，および綿糸の輸出の激増は，紡績業，したがって木綿工業を急速に発展させて産業革命の主導部門にさせた3つの理由と考えられる．

2) 織布業

それまでの織布業では，織元のもとで女工による賃機(ちんばた)が行われていた．女工は織元から綿糸の供給を受けて自宅の作業場で手織機を使用して賃機(賃金をもらって綿織物を織る)を行った．しかしその後3つの動きがみられた．① 織元などがバッタン機(飛杼を備えた手織機)を設置したマニュファクチュアの経営者に転化する．② 豊田佐吉によって発明された豊田式力織機［1896(明治29)年］など小幅力織機の普及にともない織元たちの中から小規模な機械制工場を設立する者があらわれた．③ 先の大規模な紡績会社が外国製力織機を採用して大工場をつくり織布業に乗り出した．紡績会社兼営織布業の発生である．これらの動きの中でどれが中心になるかは綿織物の種類によってことなっていた．白木綿の広幅物は③の大規模な紡績会社による大工場で生産された．このような兼営織布業は，大阪を中心に外国への輸出によって1905(明治38)年以後急激な発展をとげた．同じ白木綿でも小幅物は，小規模な機械制工場で生産された．泉南郡(大阪)，知多郡(愛知)などでは1904(明治37)年以後織元たちによって一挙に機械制小工場が設立された．最後に縞木綿では，賃機からマニュファクチュアに移るのは比較的早かったが，力織機の採用による工場制生産への移行は遅れた．縞木綿の生産地である尾西地方中島郡(愛知)では1913(大正2)年に力織機の600台に対し，手織機は8,426台に達した．

このように織布業でも力織機を設置した機械制工場の普及による綿織物生産量の増大にともない，輸出が増大した．1909(明治42)年には輸出額が輸入額を上回るに至ったのである．

(2) 絹工業(製糸業)

いままで座繰製糸が農家の副業として小規模に生糸を生産する方法として全国的に広くみられたが，輸出用の生糸を生産したのは主に器械製糸であった．器械製糸にはイタリア式とフランス式があり，それらを折衷し，簡便化した器

械製糸技術が工夫された．一連の心棒に架せられた糸枠を水力によって回転させ，ケンネル式より掛け装置をもっている繰糸機を備えた，10～30人繰りの器械製糸を行う小工場が，1870年代後半［1875（明治8）年以後］から長野・山梨・岐阜地方を中心に普及した．器械製糸の生糸は品質と価格の点で国際競争にたえられる水準であったため，ヨーロッパ（とくにフランス）向けに輸出された．その後1870年代からアメリカへの輸出に転換し，こうして生糸輸出の増大とともに生産量も増大した．1894（明治27）年には器械製糸の生産量が座繰製糸のそれをおい越した．日清戦争（1894～95年）以後片倉製糸・郡是製糸・岡谷製糸などの大製糸工場をもつ大規模な製糸業者があらわれ工場制生産が発達した．

ところで1890年代後半［1895（明治28）年以後］になると輸出に伸び悩みがみられた．というのはアメリカの絹織物業の製品の品質が向上するとともに，日本の生糸の品質の低さが問題になってきたからである．この危機を普通糸（織物の緯糸用）から優等糸（経糸用）に生産される生糸の品質を向上させることによって切り抜け，輸出量は1896（明治29）年には2400トンであったのが1905（明治38）年には4300トンに急増した．製糸業は当初から輸出産業として出発したが，輸出産業として本格的に確立した．こうした生糸輸出の飛躍的増加は多くの外貨の獲得によって日本にとって不可欠な鉄・機械・綿花などの輸入を可能にして産業革命を推進し，日本の工業の発展を促進したのである．

(3) 製鉄業

1) 銑鉄

当時製鉄業は銑鉄とそれからつくられる鋼鉄の生産にわけられたが，まず銑鉄の生産ではいままで主に中国地方の砂鉄精錬法が用いられてきた．しかし明治政府が放棄した釜石鉄山の一部の払下げを受けた田中長兵衛は，1886（明治19）年に小高炉（溶鉱炉）で鉄鉱石から木炭を燃料として銑鉄をつくることに成功した．1887（明治20）年に全施設の払下げを受けて，釜石鉄山田中製鉄所が設立された．田中製鉄所は，1894（明治27）年により大型の（日産25トン）高炉でコークスを燃料として銑鉄をつくることに成功した．その後1901（明治

34) 年には官営八幡製鉄所の第1号高炉（日産160トン）が生産をはじめ，こうして高炉でコークス製鉄法による銑鉄生産が発達した．しかし自給率（国内の銑鉄消費量に対する国産銑鉄の比率）がたえず70％近くを占めるようになるのは1930年代前半［1930（昭和5）年以後］のことであった．また1919（大正8）年でも八幡製鉄所の生産量が全国生産量の45％を占め，官営企業の占める地位が高いことに注目しておきたい．

2) 鋼鉄

この時代には鍛鉄ではなく鋼鉄が使われるようになり，したがってどのようにして砂鉄精錬法に代って近代的な製鋼法が用いられるようになったかということである．イギリスでは鋼鉄を安く大量に生産できる次の3つの近代的な製鋼法が開発されていた．すなわちベッセマー転炉法（1856年），シーメンス・マルチン（酸性）平炉法（1864年），ギルクリスト＝トマス塩基性（転）炉法（1879年）である．これらの製鋼法はまず官営の工場に導入された．大阪砲兵工廠（工場）では1890（明治23）年にシーメンス式小型酸性平炉で，1896（明治29）年に塩基性平炉（ギルクリスト＝トマス塩基性（転）炉法の改良型）で生産がはじめられた．横須賀海軍工廠には1890（明治23）年にシーメンス式酸性平炉が設置された．その後八幡製鉄所では1901（明治34）年にシーメンス・マルチン酸性平炉とベッセマー転炉で作業が開始され，2つの近代的な製鋼法が採用された．銑鋼一貫生産の開始である．民間でも釜石鉄山田中製鉄所が1903（明治30）年からシーメンス・マルチン式塩基性平炉で生産をはじめ，民間で最初に銑鋼一貫生産が開始された．こうして1910（明治43）年には近代的な製鋼法が普及し，鋼材生産が発達したが，鋼材の自給率が80％以上に達し，自給できるようになったのは1930年代前半［1930（昭和5）年以後］であった．また1912（明治45）年に八幡製鉄所は国内の鋼材生産量の95％を生産しており，鋼材生産でも官営企業の占める地位が大変高いことに注目しておきたい．

第4節　日本の産業革命の特徴

最後に日本の産業革命をイギリスなど諸外国の産業革命と比較してどのような特徴があるか5点にわけて述べておきたい．

(1) 先進国の影響

日本の産業革命は後進国のそれであって，先進国イギリスなどからさまざまな影響を受けたことである．まず安くて大量の工業製品が輸入されるようになり，日本の経済（工業）は危機に直面した．このため日本の工業を発達させ，諸外国の工業製品に対抗しそれと競争できるようにすることが必要であり，先進国イギリスだけでなく，フランスやドイツからも新しい生産技術や機械が導入された．そのために政府や民間の企業によって多数の外国人技術者や教師が積極的に雇用された．また機械も先に述べたミュール紡績機などのさまざまな機械が先進国から大量に輸入されたのである．

(2) 国家の役割

新しい生産技術や機械を導入するために政府は積極的に経済政策を実施して大きな役割を果したことである．それはすでに第2節で4つにわけて述べてきたが，ここで1つ強調しておきたいことは，ドイツやアメリカなど多くの（イギリスからみて）後進国がイギリスから資本の援助を受けたが，日本は外国資本の援助をほとんど受けなかったことである．その理由は，返済難に陥った場合には国家の独立を損なう危険があるばかりでなく，巨大な資力と治外法権をもつ外国人によって日本人労働者や資本家が抑圧されたり日本の商人と競合する恐れがあるとみなされたからである．そこで政府は殖産興業のために多額の資金を投下したのである．そのため政府は資金の多くを地主に対する重い地租と不換紙幣の発行によって準備しなければならなかったのである．こうしてとくに資本投下の上で国家が大きな役割を果してきたのであって，とくにイギリスと比較して大きくことなる点は，国家が資本の投下をはじめとした積極的な経済政策を行うことによって大きな役割を果したことである．

(3) 産業革命の推進者

　産業革命の推進者（投資家・経営者）が主に商人・華族・士族であったことである．先の大規模な紡績会社でみると，たとえば大阪紡績会社の場合，イギリスでは中産階級が多かったのに対して，大阪という都市の大商人だけでなく，前田・毛利などの華族，すなわち旧大名が投資しており，彼らが全株式の4割を所有していた．また第一国立銀行をはじめとした各地の国立銀行や横浜正金銀行などの銀行，日本鉄道株式会社などの鉄道会社，日本郵船会社などの海運会社など多くの大会社の設立が，華族や大商人たちの投資によって可能になったのである．

(4) 産業資金調達の方法

　産業資金調達の方法として，イギリスでは自分や家族の資金をもちよるかパートナーシップによる場合が多かったのであるが，日本では株式会社が用いられたことである．先の大規模な紡績会社は，都市の大商人などが株式の多くの部分を引き受け，その上で一般から株主を募集してつくられた株式会社であった．1890（明治23）年公布の旧商法によって会社企業が明確に定められたが，それ以前に株式会社企業が銀行・鉄道・紡績・海運・鉱山の各分野に比較的早くつくられた．たとえば銀行では第一国立銀行が1873年に，鉄道では日本鉄道株式会社が1881年に，紡績業では大阪紡績会社が1882年に設立された．このように早くからわが国で株式会社がつくられた理由として2つあげられる．まず木綿工業でいえば，工場制生産を始める場合，日本では最初から大型の機械を多数設置しなければならず，そのために多額の資本を必要としたことである．それに対してイギリスではミュール紡績機が発明された当時は小型であり，それをしだいに大型化しながら，工場内の設置台数をふやしていったので，はじめは多くの資本を必要とせず，パートナーシップなどでもよかったのである．次に最初から多額の資本が必要な場合，株式会社がもっとも適切な手段であったことである．株式会社ならば，定額でしかも比較的小額の株式を多数発行することによって株主になる人の資力に応じて多数の人びとから多額の資本を集める

ことができるのである.

(5) 主導部門

主導部門が木綿工業であったことであり,これはとくにフランスやドイツとことなる点である.フランスでは当初木綿工業が主導部門になって産業革命がはじまるが,途中から鉄道が木綿工業にとって代わる.ドイツでは急速に発展する鉄道が主導部門になって産業革命が展開する.それに対して日本では木綿工業が絹工業や製鉄業などをはるかに上回る急速な発展をとげ,大規模作業場の数でも生産額でも絹工業などを上回り有力な工業になったのである.大規模作業場の数と生産額をみると表8-2,表8-3の通りである.いずれにおいても木綿工業が絹工業など他の工業を上回っている.このように木綿工業が急速に発展し,主導部門になった理由は,すでに第3節(1)木綿工業で述べたように3つ指摘される.第1は機械化が急激に推進され,とりわけリング紡績機が急速に採用されたことであり,第2は紡績会社に対する銀行の資金援助であった.紡績会社の株主に対して株式を担保にした貸付や,紡績会社の綿花購入資金の貸付が行われた.第3に綿製品の輸出の激増である.綿糸は1897年に輸出

表8-2 大規模作業場の数　　　　　　　　1909(明治42)年

		1,000人〜	500〜999人	合　計
木綿工業	紡　績	33 } 38	25 } 30	68
	織　布	5	5	
絹工業	製　糸	4 } 4	21 } 22	26
	織　布	0	1	
炭鉱業		40	18	58

出典)農商務省『明治四十二年 工場統計表』1911年　70ページ等より作成.

表8-3 綿織物と絹織物の生産額

	綿織物	絹織物
1909(明治42)年	1億1,600万円	1億2,600万円
21(大正10)年	5億3,400万円	3億1,000万円

出典)日本統計研究所編『日本経済統計集』1958年　42,44ページより作成.

量が輸入量を上回り，綿織物は1909年に輸出額が輸入額を上回るなど輸出が激増し，木綿工業の発展を促進したのである．

学習の課題

1. わが国では国家が莫大な資金を投下してまでなぜ新しい生産技術や機械を導入する必要があったのだろうか，さまざまな点から検討してみよう．
2. 1つの工業が発展するためには他の工業の発展も必要なのであるが，日本の場合，それぞれの工業がバランスのとれた発展をとげたであろうか．
3. 新しい生産技術や機械が用いられるようになって工場制生産が発達したが，人びとの今までの生活はどのように変わっただろうか．

参考文献

- 石井寛治『日本経済史』東京大学出版会（1976年）　2006年
- 三和良一『概説日本経済史――近現代――』東京大学出版会　2002年
- 石井寛治・原 朗・武田晴人編『日本経済史』1（幕末維新期），2（産業革命期），3（両大戦間期），東京大学出版会　2000～2002年
- 石井寛治『日本の産業革命』朝日新聞社　1997年
- 高村直助編『産業革命』吉川弘文館　1994年
- 長岡新吉『産業革命』教育社　1979年
- 小林正彬『八幡製鉄所』教育社　1977年
- 田村貞雄『殖産興業』教育社　1977年
- 永原慶二編『日本経済史』有斐閣　1976年

索 引

あ 行

アークライト, リチャード　81
アヘン戦争　164
亜麻工業　128
アムステルダム　44, 69
アントウェルペン　38, 43, 60
アンボイナ事件　64
委託販売システム　67
移民　11
鋳物　84
イングランド銀行　68-70
ヴィクトリア女王　91
ウィルキンソン　85
ヴェーバー, マックス　159
ヴェネツィア　28, 29, 31, 38, 44
ウォルサム型　141
運河　77
営業の自由　122
英仏通商条約　98
エヴァンス, O.　146
エリー運河　148
遠隔地商業　46
遠隔地貿易　28, 37, 39-41
塩基性炉法　92
王立アフリカ会社　66
大市　29, 33, 34
大阪紡績会社　170

か 行

カーネギー, アンドリュー　158
海外投資　11
外国人技術者　168
改税約書　165
開放耕地　56, 57
開放耕地制　21, 22, 47, 58
価格革命　43
下級所有権　26
囲い込み　46, 47, 53, 54, 56, 57
華族　177
合本会社　63, 64
カートライト　81
カーネギー　156
株式会社　130, 177

貨幣地代　26
釜石鉄山田中製鉄所　174
官営企業の払下げ　169
関税　66, 98
関税自主権　164
機械工業　84
器械製糸　173
ギニー貨　66
キャリコ　61, 64, 81
休閑地　20, 21
救貧税　74, 75
救貧法　74, 104
窮民　72, 74, 75
教区　57, 62, 74, 75
共同耕地　22, 24, 25, 53, 55
共同体規制　19, 23
共同地　19, 22, 56, 57, 121
ギルド　35, 37, 39-41, 46, 58, 60, 72, 74
ギルバート法　75
銀行券　69, 70
金匠　69
禁制圏　35, 42
禁制領域　40, 41
均等相続制　111
クエイカー　65
クロンプトン, サミュエル　81
ケイ, ジョン　80
景気循環　3
毛織物工業　80
ゲルマン犂　22
ゲルマン的共同体　18, 21
建設都市　35
航海法　51, 67
工業国型の貿易構造　89
工作機械　129
工場法　104
高度集約農業　96
公有地　136
互換性部品　137, 145
黒人取締法　157
黒人奴隷　154
コークス製鉄法　82

索　引　*181*

国内総生産　114
穀物法　96
国立銀行　171
互市強制　42
個人銀行　132
古典荘園　35
古典荘園制　23, 24, 26, 27
コート, ヘンリ　83
コーヒーハウス　53
コロンブス　42
混在耕地制　21, 23
根菜類　54, 55
コンスタンチノープル　31, 38
コンドラチエフ　109

さ　行

栽培牧草　54
作業機　85
座繰製糸　173
砂鉄精錬法　174
産業資金調達の方法　177
産業資本　2, 132
散村　24
三圃式農法　20, 21, 24, 53, 55, 75
シェア・クロッピング制　158
ジェニー紡績機　7, 80
ジェノヴァ　28, 29, 31, 38
ジェントルマン　51, 56, 61, 68, 69, 71
自治都市　36, 37
シティー　69
渋沢栄一　170
市壁　35
死亡率　49
資本輸出　11
シーメンス・マルチン平炉法　92
ジャマイカ　66
自由州　156
重商主義　4
集村　24
修道院　34, 51, 74
自由貿易　98, 139, 156
自由貿易政策　8
自由放任　100
自由放任主義　4
重量有輪犂　22

熟練職人　11, 89
出生率　49
主導部門　3´
純粋荘園制　23, 26-28
荘園栽培所　19
蒸気機関　85
蒸気機関車　129
上級所有権　26
商業革命　43, 51
商業銀行　131
商業の復活　28, 34
荘司　19
商人ギルド　39
商人製造業者　58
商人定住地区　35, 36, 40
初期資本　78
殖産興業政策　167
植民地　79
植民地商人　66
白木綿　173
水晶宮　102
水力紡績機　7
スティヴンソン　87
ステープル・カンパニー　60
ストックトン-ダーリントン鉄道　87
スピーナムランド法　75
スミス, アダム　51
スレーター, サミュエル　137, 138
制規会社　64
聖月曜日　73
生産物地代　23
製糸業　173
製鉄業　82
梳毛織物　60, 61, 75

た　行

大陸横断鉄道　150
田中長兵衛　174
ダービー, A.　82
タル, ジェスロ　55
団結禁止法　5
ターンパイク　63
地金　64
地条　19, 21, 23, 24, 53, 56
地中海商業圏　28, 29, 33, 34
中産階級　160

直営地　23-25, 28
賃機　173
ツンフト闘争　38, 40
定住法　74, 75
テイラー＝システム　111, 144
鉄道　86, 93
鉄道熱　93
鉄道法　130
ドイツ関税同盟　123
投資銀行　114
東方貿易　29, 31, 42-44
謄本保有　56
動力機　85
トーマス，ギルクリスト　92
時計　73
徒弟法　51, 72
富岡製糸場　168
奴隷解放宣言　157
ドレイク，フランシス　63
奴隷州　156
奴隷制プランテーション　154

な　行

ナポレオン　116
南海泡沫事件　71
南北戦争　97
西インド会社　44
日英通商条約　164
日米修好通商条約　164
日清戦争　172
ニューコメン　85
ニールソン，ジェイムズ B.　83, 92
ネイスミス　102
熱風炉　83, 143
年季奉公人　65
農場領主制　122
農村工業　46
農村都市　35
農奴　24, 27
農民解放　120
ノーフォーク　55, 61
ノーフォーク四輪裁式農法　54, 97

は　行

幕藩営工業　167
ハーグリーブス，ジェームズ　80

ハスキッスン，W.　89
バスティーユ襲撃　116
ハドソン川　148
パートナーシップ　58, 59, 80, 177
パドル圧延法　83
ハリソン，ジョン　73
万国博覧会　102
ハンザ　29, 32
東インド会社　44, 52, 63, 64, 68
悲観論　13
ビスマルク　99, 130
ピューリタニズム　160
ピール，ロバート　98
ファスチアン織　81
賦役　23-26, 31, 62, 63, 121
フッガー家　31
フーフェ制　19
プランテーション　71
フランドル　32, 33, 37
ブリュージュ　29, 32
フルトン　148
プロイセン　120
『プロテスタンティズムの倫理と資本主義の精神』　159
プロテスタント　160
ベイクウェル，ロバート　54
ベッセマー転炉法　92
ペンシルヴェニア州　142
ホイットニー，イーライ　137, 143, 152
冒険商人組合　60
泡沫会社法　68
紡毛織物　60, 61
ホーキンス，ジョン　63
保護関税　7, 124
保護主義　99
保護貿易　156
ホームステッド法　153
ボルジッヒ　128

ま　行

前貸問屋　58, 61
前貸問屋制　37, 41, 47, 58, 77
マコーミック，サイラス　145
マサチューセッツ州　141
ミシシッピー川　147

ミュール紡績機　1, 81
無輪犂　23
メシュエン条約　68, 78
綿織物　45, 60, 81
棉花飢饉　96
モズレー　85
モノカルチャー　11, 154
木綿工場　8, 80
門閥都市　37

　　　や　行
約束手形　172
八幡製鉄所　175
ヤング，アーサー　57
有料道路　77
ユンカー　10
ヨークシア　61, 62
ヨーマン　56

　　　ら　行
楽観論　14
ランカシア　70
リヴァプール　66
リヴァプール-マンチェスター鉄道　87

力織機　79, 81
リスト，フリードリヒ　123
領事裁判権　164
領主直営地　23-26, 28
リング紡績機　171
輪栽式農法　54-56, 75
ルソー，J. ジャック　118
ルノー，ルイ　113
レヴァント　63, 64
連帯保護主義　99
労働貴族　104
労働節約的機械　137
ロストウ，W.W.　152
ロックフェラー　156
ロード・アイランド　8
ロード・アイランド型　139
ロード・アイランド州　139
ロバーツ，リチャード　95
ローマ犂　23

　　　わ　行
綿繰機　139, 145, 154
ワット　85

執筆者

片山　幸一　明星大学教授（序論　第3章　第8章）
石井　晋良　函館大学教授（第1章）
児島　秀樹　明星大学教授　経済学博士（第2章）
澤　　信俊　金沢星稜大学教授（第4章）
中川洋一郎　中央大学教授　Docteur de 3^e cycle en histoire economique（パリ《Ⅰ》大学）（第5章）
柴田　英樹　中央大学教授，経済学博士（第6章）
濱　　文章　北星学園大学教授（第7章）

（執筆順）

―― 経済史を学ぶ ―― 工業化の史的展開 ――

2007年8月10日　第1版第1刷発行
2011年1月31日　第1版第2刷発行

編　者　経欧史学会
発行所　㈱学文社
発行者　田中　千津子

東京都目黒区下目黒3－6－1　〒153-0064
電話　03(3715)1501　振替　00130－9－98842

印刷／北斗印刷

落丁，乱丁本は，本社にてお取替え致します。
定価は売上カード，カバーに表示してあります。

ISBN978－4－7620－1706－3　　検印省略